Liebe Leserinnen und Leser,

Grimma, die »Perle des Muldentals«, als »Ort der Reformation«? Keine Frage. Es ist ja weithin bekannt, dass Katharina von Bora von hier aus dem Kloster Nimbschen über Torgau nach Wittenberg an die Seite Luthers floh. Im Dorfe Motterwitz, das zu Grimma gehört, wurde Luthers Beichtvater Johann von Staupitz geboren, seine Schwester Magdalena floh zusammen mit Katharina aus dem Kloster der Zisterzienserinnen und führte später auf dem Gelände des Augustinerklosters eine der ersten Mädchenschulen im Lande überhaupt. In Grimma visitierte Luther das Kloster seines Ordens und predigte als Reformator in der Klosterkirche. Zumindest Erwähnung sollte finden, dass im früheren Schloss, dem heutigen Sitz des Amtsgerichtes, Herzog Albrecht der Beherzte, der Stammvater des sächsischen Königshauses, das Licht der Welt erblickte. Dessen Enkel, Moritz von Sachsen, gründete im ehemaligen Augustinerkloster die dritte der berühmten sächsischen Landesschulen, deren maßgebliche pädagogische Ausrichtung von den Ideen der Reformation geprägt wurde und Grimma zu einem der führenden Schulstandorte im gesamten deutschsprachigen Raum machte.

Dies alles und einiges mehr bietet Ihnen unser Grimma-Journal zum Nachlesen und Nacherleben. Aber die Große Kreisstadt Grimma mit ihren besonders gut erhaltenen historischen Gebäuden in der Altstadt ist längst eine moderne Stadt geworden, deren Lebensqualität und wirtschaftliche Kraft weit in die Region ausstrahlen. Ich gebe es gern zu, wir sind auch ein wenig stolz auf unsere schön gelegene Muldenstadt und viele Gäste aus nah und fern stimmen da mit uns immer wieder überein. Unweit von Leipzig gelegen, hat die Mulde hier eine wunderschöne Tal-Aue geschaffen, die Stadt und Umland prägt. Auch wenn die Grimmaer in ihrer 800-jährigen Geschichte und gerade in unserem Jahrhundert häufig die zerstörerisch-

wilde Seite der Mulde erleben, ja erleiden mussten, gab es immer wieder diesen starken, gemeinsamen Bürgerwillen, den Zerstörungen zu trotzen und die ursprüngliche Schönheit der Stadt wieder aufs Neue erstrahlen zu lassen. Bedeutende Menschen zog es in unsere Region, um hier zu leben und zu arbeiten; etwa den so wichtigen Klassiker-Verleger Georg Joachim Göschen mit seinem Mitarbeiter und großen Spaziergänger Johann Gottfried Seume, Ferdinand Stolle mit seiner »Gartenlaube« oder den Chemie-Nobelpreisträger Wilhelm Ostwald. Dazu gibt es ein richtig buntes städtisches und kulturelles Leben, wovon Sie sich, liebe Gäste, jederzeit überzeugen können. Wir freuen uns schon jetzt auf Ihren Besuch und heißen Sie bei uns herzlich willkommen.

Mit herzlichen Grüßen

Ihr Matthias Berger
Oberbürgermeister der
Großen Kreisstadt Grimma

Inhalt

STADT AM FLUSS — *»Es gibt in diesem ganzen ...*
Gefilde keine Stadt, in der ich lieber leben wollte«.
(Philipp Melanchthon)

»HERRN KÄTHES« SPEKTAKULÄRE FLUCHT —
In der Osternacht 1523 floh die spätere »Lutherin« Katharina von Bora aus dem Zisterzienserinnenkloster »Marienthron« in Nimbschen, heute eine wild-romantische Ruine.

EINER DER SCHÖNSTEN MARKTPLÄTZE MITTELDEUTSCHLANDS — *Im Zentrum der florierenden Stadt an der Mulde steht das stolze Renaissance-Rathaus, eines der unverkennbaren Wahrzeichen Grimmas.*

Grimma entdecken

Das Seume-Haus am Markt

—

VON THORSTEN BOLTE

Kaum ein anderes Haus in Grimma hat eine so spannende Geschichte wie das Seume-Haus. Wohl um 1540 erbaut, ist es das älteste Bürgerhaus am Marktplatz. Das Haus ist heute im Privatbesitz, doch ist das Erdgeschoss für die Öffentlichkeit zugänglich. Unterstützt wird das Projekt vom Internationalen Johann-Gottfried-Seume-Verein »ARETHUSA« e.V. Grimma. Der Besucher kann die Geschichte spüren, wenn er das alte Kreuzgratgewölbe oder die Wandmalereien sieht. Er kann darüber hinaus auch auf sehr informativen Tafeln alles zu Johann Gottfried Seume und Georg Joachim Göschen erfahren.

Seume arbeitete nicht nur von 1797 bis 1801 hier in Göschens Druckerei, er wohnte auch gleich über ihr – mit Blick auf den Marktplatz, wie er selbst berichtete. Damit ist das Seume-Haus ein Unikat: Es ist das einzig erhaltene Gebäude, in dem Seume tatsächlich gewohnt bzw. gearbeitet hat. Begegnen Sie Seume oder Göschen und kommen Sie mit uns ins Gespräch oder genießen Sie die Ruhe der Räumlichkeiten. Die Mitarbeiter freuen sich auf alle Gäste, die hereinschauen.

▶ www.goeschenhaus.de

Die Rathausgalerie – einst Wachlokal der Grimmaer Husaren

—

VON RUDOLF PRIEMER

In der Stadt wurde nach verschiedenen militärischen Einquartierungen 1819 das 19. Husarenregiment in privaten Quartieren garnisoniert. Das Regiment kam aus Dresden und beherrschte mit seinen blauen Uniformen für ein Jahrhundert die Muldestadt. Noch heute zeugt das ehemalige Wachlokal am Rathaus von dieser Tradition. Am 7. Mai 1999 gründete eine an Geschichte und Reitsport gleichermaßen interessierte Gruppe den »Königlich-Sächsisches Husarenregiment Nr. 19 – Husarenverein Grimma e.V.«, der sich der Erforschung und der Bewahrung dieser Geschichtsepisode widmet. Seitdem tauchen die blauen Uniformen bei besonderen Anlässen des Stadtlebens wieder auf.

Das Wachlokal wurde nach 1945 dem »Kulturbund zur demokratischen Erneuerung Deutschlands« zugewiesen. Die Künstler und Kunsthandwerker der Umgebung veranstalteten hier vorweihnachtliche Verkaufsaustellungen. Nach 1970 wurden überall im Lande die sogenannten »Kleinen Galerien« des Kulturbunds eingerichtet. In Grimma arbeitete eine sehr rührige »Ausstellungsgruppe«, die bald monatlich wechselnde, immer anspruchsvolle Ausstellungen zusammenbrachte. Diese oft gewürdigte Arbeit wird seit 1992 als »Rathausgalerie« durch einen Förderverein mit staatlicher Unterstützung fortgeführt.

▶ www.husarenverein-grimma.de

»Im Tale, wo die Mulde fließt, da steht ein Städtchen fein,
das Niemand wieder gern vergisst, der einmal da kehrt ein.
Ihr alle, alle kennt es wohl und hängt mit Liebe dran –
drum schenkt mir all' die Gläser voll und stoßt auf Grimma an.«

Ferdinand Stolle

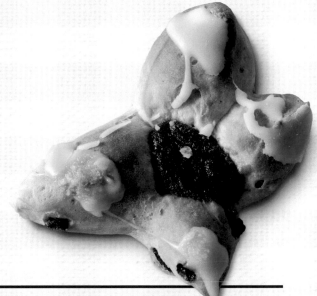

Der Grimmaer Marktbrunnen

—

VON PETER FRICKE

Zu Beginn des vorigen Jahrhunderts wurde auch in Grimma der Wunsch nach einem repräsentativen Denkmal laut. Die finanzielle Grundlage dafür bildete die Hälfte der Einnahmen aus der 1908 veranstalteten Gewerbeausstellung. Da die 4.500 Mark vom Ausstellungsgewinn für ein repräsentatives Werk jedoch nicht ausreichten, wandte man sich an das sächsische Innenministerium, um Mittel aus dem Kunstfond zu erhalten, die im Mai 1910 bewilligt wurden. Damit musste die Stadt allerdings auf sämtliche Mitbestimmung über die Ausführung des Brunnens verzichten. Als sich die Stadtväter dann vor vollendete Tatsachen gestellt sahen, waren sie schon ein wenig pikiert, da sie den Herren aus der Kunstakademie doch mehr Geschmack zugetraut hätten. Der Entwurf des Bildhauers Paul Pilz zeigte »eine Jungfrau, von der man annehmen darf, daß sie soeben dem Bade entstiegen ist«. Am 18. August 1912 weihte man den Marktbrunnen mit einem großen »Brunnen- und Blumenfest« schließlich ein. Auch wenn die Freude über einen Brunnen überwog, blieb die Beziehung zur Brunnenfigur, vom Volksmund wegen des Apfels in der rechten Hand bald »Eva« getauft, zunächst zwiespältig. Schon im Dezember des Jahres wurde die Figur Opfer eines Streiches und mit einem Höschen sowie einem Kopftuch versehen. Solche »Verschönerungen« hat die Brunnenfigur bis heute zu erleiden. Mit den Jahren stieg jedoch Evas Beliebtheit und sie wurde zu einer markanten Grimmaer Sehenswürdigkeit.

Das Reformationsbrötchen – eine mitteldeutsche Spezialität

—

VON ALINE HANSCHMANN

Zum Reformationstag gehört das Reformationsbrötchen. Seit Jahrhunderten wird es von mitteldeutschen Bäckern gebacken und von den Bürgern mit Genuss verzehrt. Seine Herkunft aber ist ungeklärt. Manche vermuten den Ursprung in der sogenannten Lutherrose, dem Briefsiegel des Reformators, doch hat die Rose – im Unterschied zu den vier Zipfeln des Reformationsbrötchens – fünf Seiten. Andere dagegen sehen in dem Gebäck eine Bischofsmütze dargestellt, während dritte die Anfänge im katholischen Raum verorten und darin eine protestantische Variante des Martinshörnchens erkennen, wodurch es in den Rang eines Brauchtumsgebäcks käme. In früheren Zeiten, als Weihnachten noch nicht im September begann, gab es das religiöse Gebäck übrigens nur am Reformationstag selbst. Aber wie dem auch sei, fest steht, dass auch die Grimmaer ihre Reformationsbrötchen heiß lieben. Je nach Größe werden sie mit einem leichteren oder schwereren Stollenteig gebacken, anschließend heiß aprikotiert, glasiert oder gebuttert und zum Schluss mit Zucker bestreut.

STADTFÜHRUNG

Grimma: Handwerk und Handel, regionales Verwaltungs- und Wirtschaftszentrum, Geburtsort Albrecht des Beherzten, aber auch Ort der Bildung und des Buchdruckes … alles das und vieles mehr repräsentiert die rund 800 Jahre lange Geschichte der Muldenstadt.

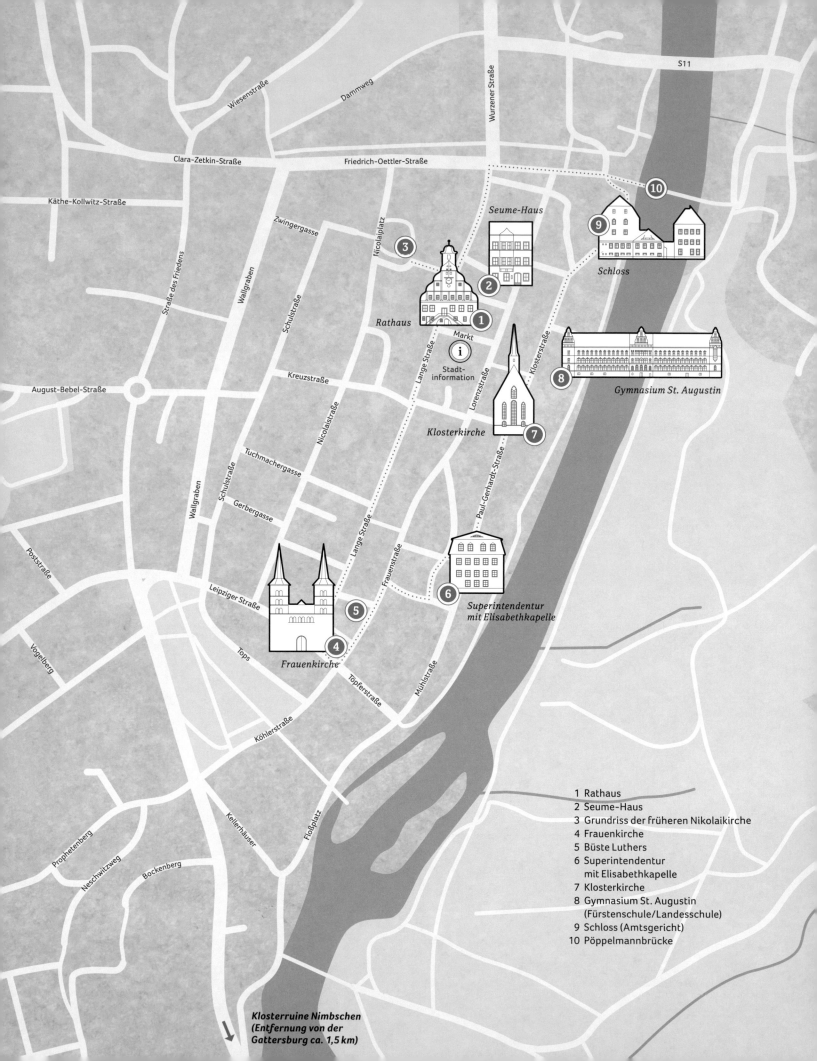

S11

Wiesenstraße

Dammweg

Wurzener Straße

Clara-Zetkin-Straße

Friedrich-Oettler-Straße

Käthe-Kollwitz-Straße

Zwingergasse

Nicolaiplatz

Seume-Haus

Schloss

Straße des Friedens

Wallgraben

Schulstraße

Rathaus

Markt

Stadt-
information

Klosterstraße

August-Bebel-Straße

Kreuzstraße

Nicolaistraße

Lorenzstraße

Lange Straße

Klosterkirche

Gymnasium St. Augustin

Tuchmachergasse

Schulstraße

Gerbergasse

Lange Straße

Frauenstraße

Paul-Gerhardt-Straße

Wallgraben

Superintendentur
mit Elisabethkapelle

Poststraße

Leipziger Straße

Tops

Frauenkirche

Mühlstraße

Vogelberg

Töpferstraße

Köhlerstraße

Flossplatz

Prophetenberg

Kellerhäuser

Neschwitzweg

Bockenberg

1 Rathaus
2 Seume-Haus
3 Grundriss der früheren Nikolaikirche
4 Frauenkirche
5 Büste Luthers
6 Superintendentur
  mit Elisabethkapelle
7 Klosterkirche
8 Gymnasium St. Augustin
  (Fürstenschule/Landesschule)
9 Schloss (Amtsgericht)
10 Pöppelmannbrücke

*Klosterruine Nimbschen
(Entfernung von der
Gattersburg ca. 1,5 km)*

Ein Stadtrundgang durch Grimma

Auf den Spuren der Reformationsgeschichte

VON RUDOLF PRIEMER

Grimma gehört zu den »geplanten Städten« mit einem regelmäßigen Grundriss von fünf parallel zueinander verlaufenden Straßen. Zwischen zwei von ihnen wurde das sehr große Karree des Marktes ausgespart. Auf dem neuen Markt, wo unser Rundgang beginnt, stand etwa seit 1230 das erste ① Rathaus. Dessen ursprünglich erstes Obergeschoss betreten wir heute sozusagen als Erdgeschoss. Das Rathaus steht mit den drei Geschossen des hohen Giebels zum Markt und gehört zu den bekanntesten Renaissancebauten des Landes. Auf dem Markt stehen wie überall seit Jahrhunderten die wichtigsten baulichen Zeugen der Stadt, etwa das heutige ② Seume-Haus (▶ S. 10), das Haus mit dem doppelten Erker, in welchem der Leipziger Klassiker-Verleger Georg Joachim Göschen Weltliteratur drucken ließ, aber auch Bibeln und christliche Erbauungsliteratur.

Durch die enge Marktgasse gelangen wir schnell auf den Nicolaiplatz, auf dem bis vor rund 130 Jahren die längst baufällige Nikolaikirche stand. Seit etlichen Jahren können wir den ③ Grundriss der früheren Nikolaikirche im Pflaster erkennen. Neben der Saalkirche stand ihr quadratischer Turm. Auf einer steinernen Bank liegt ein früher Grabstein: ein erhaben ausgemeißeltes, etwas »struppiges« Kreuz ohne Inschrift. Unweit davon ist ein heidnischer Opferstein zu sehen, der unter dem Kreuz gefunden wurde. In der Kirche der Unterstadt hat

Luther das einzige Mal in Grimma öffentlich gepredigt. Wenn er auch zehnmal in Grimma weilte, so hielt er sich immer im Kloster der Augustiner-Eremiten auf.

Die leicht gekrümmte Lange Straße ist die Geschäftsstraße der Stadt. Von oben her beherrscht die ④ Frauenkirche (▶ S. 62) das Bild der Stadt mit ihren beiden reichlich 40 m hohen Türmen. Ihre um 1230 begonnene Westfront wurde aus heimischem Quarzporphyr gemauert. Die beiden Nebenapsiden sind außen aus regelmäßigen Quadern gefügt. Die Säulen schmücken Würfelkapitelle. Alle Werksteine stammen aus dem Rochlitzer Berge und wurden aus dem roten Porphyrtuff geschlagen. Die dreischiffige Basilika wurde in der heutigen Gestalt rund 100 Jahre später gemauert und mit Kreuzgrat-

Das Rathaus mit der Rathausgalerie im linken Anbau. Heute zeigt es wieder das ursprüngliche Bild nach dem Umbau 1515

◀ S. 12/13
Im Vordergrund die langgezogene Fassade des Gymnasiums St. Augustin, links daneben die Klosterkirche, in der Martin Luther predigte

gewölben versehen. Die Frauenkirche hat wie Klosterkirche und Hospitalkapelle – alle sind ungefähr gleich alt – einen geraden Abschluss des Chores und keine Apsis, darüber hinaus besitzt jede ihre charakteristische Dreifenster-Gruppe. Das Hauptschiff der Frauenkirche wurde erst später gewölbt. Alle Säulenkapitelle sind Laubwerkkapitelle und wurden ebenfalls aus Rochlitzer Porphyrtuff gemeißelt. Eichen-, Efeu- und Beifußblätter können wir erkennen. Seit 1883 steht unter den jetzt weit ausladenden Ästen einer Platane eine ⑤ Büste Luthers (▸ S. 73), der allerdings nie in der Frauenkirche gepredigt hat. Die noch mehrfach abgegossene Plastik schuf der Pulsnitzer Bildhauer Ernst Rietschel. Etwas links davon führt die Straße zum Baderplan hinunter. Im Keller der ⑥ Superintendentur befindet sich die jetzt nach Voranmeldung wieder zugängliche Elisabethkapelle. Sie wurde zusammen mit einem Hospital bald nach 1231 erbaut, dem Todesjahre der allgemein verehrten Thüringer Landgräfin Elisabeth von Thüringen (1207–1231). Die ursprüngliche Kapelle hatte eine Apsis, deren Anfängersteine in der jetzigen

Stadtmauer sichtbar sind. An ihrer Nordseite sehen wir eine unvollständig erhaltene gotische Arkade, die aus zwei Pfeilern und einer romanischen Säule besteht, deren Basis durch ein Erdbeben zerdrückt wurde. Einen »Stützenwechsel« kennen wir aus dem Harzgebiet und wissen damit, woher die Bauleute kamen, die hier arbeiteten. Auf landesherrlichen Wunsch siedelten die Zisterzienserinnen aus Torgau um 1250 hierher um, obwohl ihr Kloster im heutigen Nimbschen noch längst nicht fertig war. Sie verbrachten im Elisabethhospital ihre ersten Jahrzehnte, denn erst als 1291 ihre Nimbschener Klosterkirche geweiht wurde, konnten sie endgültig dort siedeln – wassernah und für ein Nonnenkloster schon stadtfern. Ihre Grimmaer Niederlassung haben die Nonnen des Klosters »Marienthron« bis zu der Auflösung des Klosters nie aufgegeben.

Das untere Ende der ungewöhnlich breiten Paul-Gerhardt-Straße riegelt die turmlose ⑦ Klosterkirche der Augustiner-Eremiten ab (▸ S. 62), der authentische reformationsgeschichtliche Ort Grimmas. Als die Augustiner 1287 in die

links: Straßenansicht der Suptur am Baderplan. Das Gebäude geht auf das 13. Jahrhundert zurück und beherbergte nach 1529 den ersten Superintendenten der Stadt

rechts: Blick in die Elisabethkapelle im Erdgeschoss der Suptur. Die Kapelle gehörte zum Hospital, das hier um 1240 gegründet wurde

◂ S. 16

Die Gattersburg mit der Hängebrücke, die nach ihrer Sanierung im Juni 2015 wieder eröffnet wurde

◂

Detail am Renaissancehaus Markt 18/19. Hier befand sich einer der ältesten Gasthöfe Grimmas, der Gasthof »Zum goldenen Löwen«

links: Westansicht des Schlosses, das Kornhaus mit der sog. Kemenate. Hier befand sich einst eine Kapelle, die bereits im 13. Jahrhundert erwähnt wurde

rechts: Die Klosterkirche vom gegenüberliegenden Stadtwald aus. Daneben der Südflügel des Gymnasiums St. Augustin

▶
Das Denkmal des Reformators an der Frauenkirche aus dem Jahr 1883

schon blühende Stadt kamen, wiederholten sie hier den Bau der Saalkirche ihres Gothaer Mutterklosters: turmlos – aber mit charakteristischem Dachreiter – und mit einem hohen Stufengiebel. Der Rest des großartigen Dachstuhls von 1435 fiel 1989 endgültig in das Schiff. Der Dachstuhl war ursprünglich dicht über die Wölbung des Schiffes verzimmert worden, wurde dann aber heruntergeschlagen, weil die Kirche nach Luther »ein Brustbrecher« war. Durch die nun eingezogene, leicht gewölbte Scheindecke verbesserte sich die Akustik ganz wesentlich. Auf drei Emporen an der Nordseite saßen die Schüler der Landes- und dann der Fürstenschule, wenn in der Kirche Gottesdienst gefeiert wurde. Etliche der Vermögenden hatten in Anbauten an der Südseite ihre separaten »Betstübchen«.

Als Zeichen eines neuen Beginnens wurde 1992 ein Stahldachstuhl aufgesetzt. Den Sommer über finden in der Kirche verschiedene Veranstaltungen statt. Im Grimmaer Kloster hielt sich Luther zehnmal auf, meist dienstlich wie das erste Mal, als er als »Revisor« der Ordenspro-

vinzen Sachsen und Thüringen in Grimma war. Da traf die Nachricht ein, das Tetzel in Wurzen Ablassbriefe verkaufe, selbst für Sünden, die noch nicht begangen waren! Das war für den zornigen Luther zu viel, und er soll ausgerufen haben, er wolle in die Pauke der Ablasskrämerei ein Loch machen! Einen Anstoß zur Reformation hat Luther damit vermutlich in Grimma erhalten. In der kursächsischen Stadt vollzog sich die Reformation 1529 dann eher unaufgeregt und ganz ohne sein direktes Zutun. Schon 1522 verließen die ersten Mönche das Kloster und es stand bald leer. Der sächsische Kurfürst Moritz nutzte es 1550 schließlich, um darin nach Meißen und Schulpforta die dritte ⑧ Landesschule (▸ S. 46) einzurichten. Diese Schulen waren im gesamten deutschsprachigen Raum einzigartige, über Jahrhunderte hinweg vorbildliche, größtenteils kostenlose Ausbildungsstätten für begabte Jungen. Obwohl die Gebäude des ehemaligen Klosters baulich recht hinfällig waren, wurden sie bis in das späte 18. Jahrhundert notgedrungen weiter genutzt, bevor ein klassizistischer Bau die alten Klos-

Die rückwärtige, der Mulde ab- und der Stadt zugewandte Seite des Gymnasiums St. Augustin. Im Hintergrund kann man die Klosterkirche erkennen

tergemäuer ersetzte, der allerdings schnell zu klein wurde. 1891 wurde ein deutlich erweiterter Neubau als »Fürstenschule« eingeweiht. Vorbild für die Gestaltung des sehr repräsentativen und ausgesprochen großstädtischen Neubaus waren Details der süddeutschen Renaissancearchitektur. Den Anforderungen der Zeit entsprach es, dass mit den Unterrichts- und Internatsräumen sowie der Aula auch ein Betraum und eine Turnhalle gebaut wurden. Daraus ging das heutige Gymnasium St. Augustin hervor.

Von dort aus ist es nicht weit zum ⑨ Schloss (▶ S. 20). Es besteht aus dem Kornhaus und dem Muldenflügel. Das Schloss Grimma war im Hochmittelalter eine Residenz und wiederholt Ort landesherrschaftlicher Zusammenkünfte, wovon der ungewöhnliche Bestand von 15 mittelalterlichen Steinbauten zeugt. Das spätromanische Fenster im Nordgiebel des Muldenflügels stammt aus der Zeit um 1230 und ist das älteste profane Denkmal der Stadt. Der darüberliegende, ursprünglich aus Ziegeln gemauerte spätgotische Ziergiebel kam im frühen 16. Jahrhundert hinzu. Als sich die Wirtschaft seit dem 15. Jahrhundert auf Leipzig konzentrierte, verloren alle Städte der Umgebung ihre Bedeutung. Grimma wurde zum Verwaltungszentrum, zum Amt

Grimma im Kreis Leipzig, wo besonders der Handel mit dem geflößten Langholz eine Rolle spielte.

Zu den berühmtesten Brücken Europas zählte die 1716/1719 erbaute steinerne Brücke, die nach den Plänen des Zwingerbaumeisters gebaut wurde. ⑩ Die Pöppelmannbrücke stand bis zur Flut von 2002 und wurde bis 2012 durch einen neuen Brückenbau ersetzt, der einige historische Bauteile benutzt. Eine perfekte Kopie des Wappensteins ist zu bewundern. Das von Wind und Wetter angegriffene Original steht jetzt im Rathaus. Von hier aus ist es dann nicht mehr weit zurück zum Markt, dem Ausgangspunkt unseres Rundganges durch das alte Grimma. •

▶ **RUDOLF PRIEMER**
ist Volkskundler und Vorsitzender des Geschichts- und Altertumsvereins zu Grimma e. V.

Vergangenheit und Zukunft unter einem Dach

Das Grimmaer Schloss

—

VON KATJA KOHLSCHMID

links: Blick zu den historischen Gefängniszellen des Schlosses

rechts: Großer Sitzungssaal des Amtsgerichtes im Schloss

Das Schloss Grimma liegt im nördlichen Teil der Grimmaer Innenstadt, am Muldeufer nahe der Pöppelmannbrücke. Es blickt auf eine lange Geschichte bis ins Hochmittelalter zurück und zählt zweifellos zu den bedeutendsten Profandenkmälern Sachsens. Um 1210/1230 ließen die Markgrafen Dietrich und Heinrich von Meißen eine Burg errichten, deren Kapelle »St. Oswald« bereits für das Jahr 1218 belegt ist. Nach umfangreichen Ausbaumaßnahmen von 1389 bis 1402 durch Markgraf Wilhelm I. erhielt die Burg in etwa den bis heute gültigen Grundriss. 1443 wurde der Herzog von Sachsen und Begründer der albertinischen Linie des Königshauses Wettin, Albrecht der Beherzte, in der Burg geboren, woran heute eine Gedenktafel im Hof erinnert (▶ S. 50).

Nach heftigen Streitjahren mit seinem Bruder Ernst erfolgte 1485 die »Leipziger Teilung«, in deren Ergebnis das heutige Gebiet der Freistaaten Sachsen und Thüringen bestimmt wurde. Man kann das Schloss Grimma deshalb auch ein wenig als das »Geburtshaus Sachsens« ansehen. Zwischen 1509 und 1519 erfolgte schließlich der Ausbau zum Schloss. Mitte des 18. Jahrhunderts wurde die Fronveste an das Kornhaus angebaut. Im 19. Jahrhundert kam es zu mehreren eingreifenden Umbauten im Inneren der Gebäude, und mit dem Einzug des Amtsgerichts in das Kornhaus begann 1880 die Tradition als Justizstandort. Heute besteht das Gebäudeensemble aus dem Ostflügel auf der Flussseite, dem sogenannten Schloss und dem gegenüberliegenden Kornhaus mit Kornhausanbau und Turmruine. Schildmauern verbinden die Gebäude und begrenzen den Schlosshof.

Im Zuge der Beseitigung der Hochwasserschäden von 2002 hat der Freistaat Sachsen in den Umbau, die Sanierung und in vorbeugende Hochwasserschutzmaßnahmen insgesamt rund 14,5 Mil-

lionen Euro investiert. Am 11. März 2013 wurde das Grimmasche Schloss durch den Staatsminister der Finanzen, Prof. Dr. Georg Unland, und den Staatsminister für Justiz und Europa, Dr. Jürgen Martens, an das Amtsgericht Grimma und die Zweigstelle der Staatsanwaltschaft Leipzig übergeben.

Leider stand es bereits Anfang Juni 2013 erneut etwa 80 Zentimeter hoch unter Wasser und war auch außen komplett umspült. Später wurde die gesamte muldeseitige Außenwand des Schlosses in die Hochwasserschutzanlage für die Stadt Grimma integriert. Ein spezielles Putzsystem übernimmt die Dichtungsfunktion. Die Fenster werden im Gefahrfall mit Schottplatten verschlossen. Außerdem wurden die Schlossmauern an die in diesem Bereich bereits fertiggestellte unterirdische Dichtwand angeschlossen. Sie reicht bis in den Fels hinein. Oberirdische Schutzwände aus Stahlbeton stellen den Anschluss zur Pöppelmannbrücke bzw. zur benachbarten ehemaligen Etuifabrik her. Darüber hinaus wurde auch dem Natur- und Artenschutz Rechnung getragen, indem Nisthilfen unter ande-

Im Schloss kam Herzog Albrecht der Beherzte zur Welt, es ist sozusagen die Wiege der albertinischen Wettiner.

rem für Schwalben und Mauersegler an der Ostfassade des Schlosses, Nistkästen für Schleiereulen und Dohlen im Lusthäuschen auf der Schildmauer sowie Einflugöffnungen für Fledermäuse im nichtausgebauten Dach geschaffen wurden.

Das sogenannte Schloss wird durch das Amtsgericht genutzt. Im Erdgeschoss sowie im ersten und zweiten Obergeschoss befindet sich jeweils ein Sitzungssaal mit Wartebereich. In den Sälen wurde Eichenparkett verlegt. Im Schloss gibt es Bereiche, die unverändert erhalten sind und restauriert wur-

Die Kopie des Wappensteins von 1724 auf der Pöppelmannbrücke, dahinter die Nordseite des Schlosses

Wandinschriften
einstiger Gefangener
im Kellergewölbe

den, wie der Wendelstein oder das Erdgeschoss der Kemenate, die ehemalige »Ambts- bzw. Commissionsstube«, die, mit einem barocken Kreuzgratgewölbe geziert, nun als Besprechungs- und Veranstaltungsraum genutzt wird.

Die Nutzung des Kornhauses ist geteilt. Während das erste und dritte Obergeschoss sowie das Dachgeschoss von der Staatsanwaltschaft genutzt werden, sind das Erdgeschoss, das zweite Obergeschoss und der Kornhausanbau mit Ausnahme gemeinsam genutzter Bereiche dem Amtsgericht vorbehalten. Im zweiten Obergeschoss befindet sich der 1879/1880 eingerichtete historische Sitzungssaal. Dessen Optik wird durch die freigelegte Holzdecke aus schiffsgekehlten Balken und ein florales Wandfries, das aus Fragmenten der historischen Malerei rekonstruiert wurde, geprägt. Im Kornhausanbau wurden im Zuge der Bauarbeiten drei historische Arrestzellen der Fronveste (um 1750) freigelegt und wegen ihrer Originalität restauriert. Erhalten werden konnten Wandmalereien, wie etwa Jesus am Kreuz mit einer Schale und einem Kelch zu seinen Füßen, und mehr oder weniger bedenkliche Sprüche, wie zum Beispiel: »Hier sitze ich im Wolkenhimmel und scheiße auf das Weltgetümmel.«

An vielen Stellen in Schloss und Kornhaus werden dem Betrachter durch bauarchäologische Sichtfenster mit Erläuterungstafeln wertvolle baugeschichtliche Funde sichtbar und verständlich gemacht.

Auf den knapp 2.500 Quadratmetern Fläche der Schlossanlage arbeiten 61 Justizbedienstete, darunter zehn Richter und fünf Staatsanwälte. Mit dem Schloss Grimma steht dem Amtsgericht und der Zweigstelle der Staatsanwaltschaft ein modernes, funktionsgerechtes und repräsentatives Justizzentrum mit Atmosphäre zur Verfügung.　●

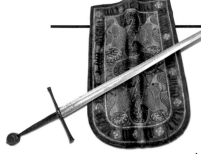

Gerichtsschild und Gerichtsschwert

Gerichtsschild und Gerichtsschwert wurden im Grimmaer Rathaus aufbewahrt. Sie befanden sich während der Verhandlung im Gerichtssaal. Der Schild hing unmittelbar hinter dem Sitz des Richters an der Wand, seine Inschrift lautet: »Hilf got, ein ewigez wort, dem leybe hie, der sele dort. Maria, Maria«. Das Schwert hatte Symbolcharakter. In der Grimmaer Ratsordnung liest man von »Sachen, die unter dem ... Schwerte zu richten sind«. Das Schwert war das Symbol der Obergerichte über Leben und Tod. Es lag bei Halsgerichten auf dem Tisch des Gerichts.

▶ **KATJA KOHLSCHMID**
ist Richterin und leitet als Direktorin das Amtsgericht Grimma.

Die Kunst, Burgen zu bauen und Ruinen zu erhalten

Die Gattersburg und ihre Parkanlage

—

VON ALINE HANSCHMANN

◀

Romantisches Zwielicht über der mit 80 Metern längsten Hängebrücke Sachsens unweit der Gattersburg

Herbstimpression: Das Muldenwehr unterhalb der Gattersburg

Die Gattersburg ist ein Wahrzeichen Grimmas. Wie ein Dornröschenschloss erhebt sie sich auf einem Felsen steil über der Mulde. Ihren Namen hat sie von einem 1792 erbauten und 1872 wieder abgerissenen Vorgängerbau, einem Landhaus mit Türmchen, das den Zeitgenossen wie eine romantische Burg vorkam und dem Grimmaer Landrichter Johann Christian Gattert gehört hatte. Das heutige Gebäude wurde 1887/1888 im Stile der Neorenaissance errichtet. Sein Bauherr, der Kommerzienrat und Papierfabrikant Max Schroeder, galt als entschiedener Förderer des öffentlichen und sozialen Lebens in seiner Heimatstadt Grimma. Nach seinem frühen Tod im Jahr 1901 übernahmen seine Witwe und deren Kinder die Geschicke des Schroederschen Industrieunternehmens in Golzern und ebenso den Wohnsitz in Grimma.

Mit dem Ende des Zweiten Weltkrieges musste die Familie das Haus verlassen. Die Mulde war Demarkationslinie, und deshalb diente es einige Zeit als amerikanisches, später als sowjetisches Hauptquartier. Ab Ende der 1940er Jahre bis Anfang 1997 befanden sich in der Gattersburg eine Schule, ein Kindergarten, ein Kinderhort, der Jugendtreff der Arbeiterwohlfahrt und Wohnungen für Flüchtlinge. Dann erwarben die Familien Vieweg und Fratzscher das Haus von 26 auf der ganzen Welt verstreuten Schroederischen Erben – und von da an wurde das prächtige, denkmalgeschützte Gebäude behutsam wieder hergestellt, eine stilvolle Gastronomie mit altdeutscher Küche eingerichtet, und die zwei oberen Etagen des Hauses wurden liebevoll zu Hotelzimmern umgebaut. Das Turmcafé mit Terrasse über den Dächern von Grimma lädt zur Einkehr ein.

Doch beschränkt sich das Erbe Max Schroeders nicht nur auf das Gebäude selbst. Am felsigen Abhang unterhalb der Gattersburg ließ Schroeder eine Parkanlage mit Hanggarten und künstlicher Ruine errichten, die im Stil der Romantik als alte Ritterburg erbaut wurde. Wahrscheinlich stammen die verwendeten Bruchstücke von der jahrelang verfallenden Nikolaikirche, die 1888 vollständig abgebrochen wurde. Im Inneren erhielt die Ruine ein Gartenzimmer, das als Herrenzimmer genutzt wurde. Neben der künstlichen Ruine unterstreichen eine als Felsenhöhle gestaltete Grotte und eine großzügige, aus Porphyrtuff erbaute Treppenanlage sowie Steinabhänge mit gestalteten Pflanzentaschen den romantischen Charakter der Gesamtanlage, die heute unter Denkmalschutz steht. Neben dem mit Bruchsteinen gestalteten Hanggarten an der Colditzer Straße erstreckt sich der Park über mehrere, in unterschiedlichen Höhen angelegte Ebenen. Dadurch ergeben sich reizvolle Blickbeziehungen innerhalb des Parks und in das weite Muldental hinaus. Eine besonders eindrucksvolle Ansicht vom Park bietet der Blick von unten, vom Colditzer Weg hinauf auf die Höhe, und vom östlichen Muldenufer herüber.

Freilich hatten jahrzehntelange Verwahrlosung und Zerstörung dem Park stark zugesetzt. Die Arbeiten zu seiner Wiederherstellung begannen im Frühjahr 2008, dem Jahr, in dem der Tag der Sachsen in Grimma stattfand. Zu Anfang ging es erst einmal um die Beseitigung von Schutt, Unrat und Wildwuchs, anschließend um die Wiederherstellung und Befestigung der Wege. Auch Erdmassen und verlagerte Natursteine waren wieder an ihren ursprünglichen Standort zu bringen. Gleichzeitig erfolgten umfangreiche Neupflanzungen von Rhododendron, Azaleen, Eiben, Thuja-Bäumen und Wacholder. Von herausragender Bedeutung sind vor allem die im Park anzutreffenden Baumriesen, wie Blutbuche, Gingko, Stieleiche, Winter- und Sommerlinde oder Robinie, sowie zahlreiche Nadelhölzer, z. B. eine ca. 200 Jahre alte Zirbelkiefer. Am Turm rankt zudem eine 100-jährige botanische Rarität, die nordamerikanische Hängetrompete, die es in Sachsen nur zweimal gibt. Allen Beteiligten ist klar, dass nur durch eine ständige, fachgerechte Pflege das lebendige Kunstwerk dieses ganz speziell angelegten und ausgewogenen Landschaftsgartens erhalten werden kann. ●

▶ **DR. ALINE HANSCHMANN**
ist Diplomagraringenieurin und engagiert sich im Vorstand des Geschichts- und Altertumsvereins zu Grimma e. V.

Geschichte(n) einer Stadt

800 Jahre Grimma – von der Ersterwähnung der Burg zur »Großen Kreisstadt«

VON THORSTEN BOLTE

Durchblick – sogenannte 80er Rohre des Chemieanlagenbaukombinates Leipzig Grimma

Wer rund 30 Kilometer südöstlich von Leipzig unterwegs ist, wird überrascht sein, denn die Gegend sieht gar nicht nach der Leipziger Tieflandsbucht aus, die man erwartet. Die Mulde, namensgebend für die ganze Region, hat sich tief in den Boden gegraben und dadurch eine abwechslungsreich-hügelige Landschaft geschaffen. Grimma bildet das Herzstück dieser »Muldental« genannten Gegend. Die Mulde selbst prägte von Beginn an die Geschicke der Stadt. Wenige Jahrzehnte vor der Ersterwähnung Grimmas wies Markgraf Otto der Reiche 1170 gerade wegen der wichtigen strategischen Bedeutung an, hier eine Stadt zu gründen, lange nachdem die Slawen bereits an diesem Flecken siedelten.

Eine Burganlage, die später als Schloss umgebaut wurde, wurde an der einzig sinnvollen Muldequerung im hiesigen Machtbereich der meißnischen Markgrafen errichtet, um vom mächtigen Döbener Burggrafen flussaufwärts nicht abhängig zu sein. Das Schloss diente so nicht nur als Residenz der

meißnischen Markgrafen und der sächsischen Kurfürsten sowie als Verhandlungsort mehrerer Landtage, die hier seit 1440 abgehalten wurden, sondern war auch zur Sicherung der bis ins 16. Jahrhundert einfachen Holzbrücke gedacht. Berühmt wurde das Schloss besonders durch die Geburt Albrecht des Beherzten, Begründer der albertinischen Linie des regierenden Herrschergeschlechts der Wettiner, der hier am 31. Juli 1443 geboren wurde (▶ S. 50).

Das Stadtrecht erhielt Grimma 1220 (»civitas Grymme«), und im Jahr 1292 wurde erstmals ein Bürgermeister genannt. Die privilegierte Lage Grimmas ließ auch verhältnismäßig schnell einen wichtigen Ort der Rechtsprechung für die Region entstehen: Für die Verurteilung von kleineren Delikten erhielt Grimma 1391 die »Niedere Gerichtsbarkeit«, 1437 die »Obere Gerichtsbarkeit«, die nun auch für schwerere Strafsachen zuständig war. Es folgte schließlich 1621 die »Hohe Gerichtsbarkeit«, die auch als »Halsgerichtsbarkeit« bezeichnet wurde. 1852 wurde dann das Königliche Justizamt eingerichtet. Dieser Ausbau von Grimma als Justizstand-

ort führte zur Herausbildung einer starken Beamtenschaft, die Grimma über lange Zeit prägte. Das Schloss, oder besser gesagt, die Reste der Schlossanlage dienen auch heutzutage noch der Justiz: Das Amtsgericht Grimma ist hier beheimatet, und die Staatsanwaltschaft Leipzig unterhält eine Zweigstelle (▸ S. 20).

Wie nicht anders zu erwarten, spielten die Religion und ihre Ausübung für die Stadtbevölkerung Grimmas eine wichtige Rolle. Die Kirchen prägen das Stadtbild Grimmas bis zum heutigen Tage, auch wenn nicht alle Kirchen die Jahrhunderte überdauern konnten. Die erste Stadtkirche war die Nikolaikirche. Sie wurde Anfang des 14. Jahrhunderts erstmals urkundlich erwähnt, war aber wohl schon um 1170 erbaut worden. Nach der Reformation in Grimma wurde sie als erste Stadtkirche von der Klosterkirche abgelöst. Die Nikolaikirche war fortan nur noch eine einfache Pfarrkirche für die Unterstadt Grimma. Mit der verstärkten Säkularisierung im 19. Jahrhundert verfiel die Kirche immer mehr und wurde schließlich 1888 abgetragen.

Wohl nicht ganz so alt wie die Nikolaikirche ist die Frauenkirche, doch war ihr im Laufe der Geschichte ein glücklicheres Schicksal beschieden. Bis heute dient die doppeltürmige Kirche als weithin sichtbares Wahrzeichen der Stadt Grimma. Erbaut als einfache Marktkirche am heutigen Baderplan (dem alten Markt), wurde die Kirche gegen Ende des 12. Jahrhunderts romanisch erneuert. Ihre unverwechselbare Westfront erhielt die beiden spitz in den Himmel ragenden Türme. Die Frauenkirche, die eigentlich Kirche zu »Unserer lieben Frauen« heißt, war anfangs noch der Parochie Großbardau zugehörig, wurde aber 1241 zur zweiten Stadtkirche Grimmas (▸ S. 62).

Bereits gut zwei Jahrzehnte nach der Verleihung der Stadtrechte siedelten Torgauer Zisterziensernonnen nach Grimma über, übergangsweise blieben sie in der Innenstadt am Baderplan, bezogen dann ab 1270 das eigens für sie erbaute Kloster in Nimbschen (▸ S. 52). Unweit des Schlosses ließen sich 1287 auch Augustinermönche nieder, deren Klosteranlage das Stadtbild dominierte. Die Klosterkirche von 1290 ist

links: Zeit der politischen Wende in Grimma: Demonstration vor dem Rathaus im Herbst 1989

rechts: Die Georgenkapelle – auch Hospitalkapelle genannt – war seit dem 14. Jahrhundert der geistliche Mittelpunkt eines rechts der Mulde gelegenen Hospitals für Leprakranke, weit genug entfernt von der Bürgerschaft Grimmas

Grimma, seine Kirchen und Hauptgebäude.

Grimma war seit jeher zweigeteilt. In der Oberstadt arbeiteten die Handwerker, während in der Unterstadt die Kaufleute lebten. Hier lag auch das Machtzentrum der Stadt, bestehend aus Rathaus, Kloster und Schloss.

heute das letzte erhaltene Bauzeugnis des ehemaligen Augustinerklosters. Diese Kirche ging nach der Einführung der Reformation in Grimma zuerst in städtischen, dann ab 1550 in Besitz des Landes über. Sie diente von nun an der neugegründeten Landesschule als Gotteshaus, entwickelte sich aber auch schnell zur ersten Stadtkirche Grimmas. Dies blieb sie bis Mitte der 1970er Jahre. Dann sah man es nicht mehr als nötig an, diese historisch wertvolle Kirche zu erhalten. Der Verfall war schließlich nicht mehr umzukehren. In den 1990er Jahren musste die Klos-

terkirche, nachdem Teile der Decke eingestürzt waren, komplett leer geräumt werden und wurde mit einem neuen Dachstuhl versehen. Die Klosterkirche ist heute ein Veranstaltungsraum mit einem einzigartigen Ambiente.

Eine Reihe von Hospitälern – Pilgerstätte, Krankenhaus und manchmal auch Armenhaus in einem – entstanden ebenfalls im Stadtgebiet. Ihre baulichen Reste sind noch heute zu entdecken. So zum Beispiel das 1241 erstmals urkundlich erwähnte Hospital der Heiligen Elisabeth mit der noch erhaltenen Elisabethkapelle. Ähnlich alt war das Hospital »Zum Heiligen Kreuz«, das anfänglich vom legendenbehafteten Templerorden betrieben wurde, später aber in die Hände der Johanniter überging. Vom Hospital St. Jacob, im Übergang vom 15. zum 16. Jahrhundert entstanden, ist heute noch die ehemalige Jakobskapelle erhalten.

Liegt die Altstadt von Grimma komplett links der Mulde, so wurde im Jahre 1312 auf der rechten

Seite des Flusses das Hospital St. Georg errichtet. Gebaut von den Grimmaer Bürgern, war es als Ort für Leprakranke gedacht, die dadurch sowohl versorgt als auch von der Stadt ferngehalten werden konnten. Später wurden in dem Hospital ältere oder mittellose Bürger untergebracht. Heute ist vom ursprünglichen Hospital nur noch wenig zu sehen, und es ist fast schon ein Wunder, dass die dem heiligen Georg gewidmete Kapelle die Zeiten überdauert hat. Schließlich gab es in den 1970er Jahren Versuche, die Kapelle zugunsten von Wohnungen abzureißen, was aber durch den Widerstand von Bürgern verhindert werden konnte.

Schon seit den Anfängen Grimmas unterschied man die Ober- von der Unterstadt. War die Oberstadt um die Frauenkirche eher den Handwerkern vorbehalten, konzentrierte sich die Kaufmannschaft dort, wo das eigentliche Machtzentrum der Stadt lag: am Rathaus, am Kloster und am Schloss. Probleme bereitete der Handwerker- und Kaufmannsstadt bis in das 14. Jahrhundert ein gewisses Kuriosum, denn Grimma verfügte über so gut wie

keine eigenen Ländereien. Um Abhilfe zu schaffen, wurden kurzerhand innerhalb der Stadtmauern Landwirte angesiedelt, die eine städtische Versorgung garantieren sollten – das erhaltene Stadtgut zeugt noch heute davon.

Grimma hat seiner Flusslage viel zu verdanken, allen voran waren es die Mühlen, die mit Hilfe der Wasserkraft ein florierendes Leben garantierten. Mühlen versorgten die Bürger nicht nur mit Mehl, sondern waren auch für ganze Gewerke von besonderer Bedeutung, allen voran für die Tuchmacher und Weber, die für Grimma wichtig waren. Die von den vergangenen Hochwassern verwüstete Großmühle – der Vorläufer dieser Mühle stammte von 1170 – lieferte eine für die Tuchherstellung unerlässliche Tuchwalke. Eine weitere Walkmühle befand sich flussabwärts, und vor den Stadtmauern gab es genügend Platz zum Bleichen der Stoffe. So gab es in Grimma im letzten Drittel des 18. Jahrhunderts knapp 130 Tuchmacher. Das Tuchmacherhaus aus der Zeit um 1600 ist ein bauliches Zeichen für diesen wichtigen Wirtschaftszweig der Stadtge-

links: Die Jakobskapelle am Pappischen Tor wurde 1505 St. Jakob und St. Wolfgang geweiht. Sie gehörte zu einem Hospital, das durchreisende Pilger beherbergte. Sie wurde bereits im 18. Jahrhundert zu Wohnzwecken umgebaut

rechts: Stadtflora – Rosen am Kräutergewölbe gegenüber der Rathausrückseite

◀ S. 28

Die Lithographie aus dem 9. Band der Kirchen-Galerie Sachsens (1844) vereint in den rahmenden Miniaturen die wesentlichsten Gebäude Grimmas aus der Zeit um 1840

mitte: Zwischen Mauern: Die Schlossgasse

rechts: Alle Jahre wieder ... der Weihnachtsmarkt im abendlichen Licht vor imposanter Kulisse

schichte. Doch schon Mitte des 19. Jahrhunderts war, infolge der Industrialisierung der Tuchproduktion, die glorreiche Zeit vorbei, und bald schon arbeitete nur noch eine Handvoll Tuchmacher in der Stadt.

Eine Besonderheit der Grimmaer Wirtschaftsgeschichte waren die im 18. und 19. Jahrhundert von den Töpfern der Stadt hergestellten Tonpfeifen, die für kurze Zeit den aufkommenden Holzpfeifen trotzten. Für die Herstellung wurde der benötigte Ton direkt aus der Umgebung besorgt.

Mitte des 19. Jahrhunderts kam schließlich die Eisenbahn nach Grimma. 1866 wurde der »Obere Bahnhof« am Streckenverlauf Leipzig – Dresden im prachtvollen Tudorstil erbaut, gut zehn Jahre später kam für eine regionale Zugverbindung der »Untere Bahnhof« dazu. Die Industrialisierung hatte Grimma damit endgültig erreicht, was auch einen Anstieg der Einwohnerzahlen zur Folge hatte.

Zwei große, von gebürtigen Grimmaern selbst durchgeführte Industriegründungen prägten diese neue Epoche der Stadtgeschichte. Aus einer bescheidenen Schlosserwerkstatt entstand 1899 die

»MAG«, die »Maschinenbau-Aktiengesellschaft Golzern-Grimma«, welche 1946 kurzerhand in »VEB Maschinen- und Apparatebau Grimma« umbenannt wurde und als Stammhaus des »CLG«, des »Chemieanlagenbau Leipzig Grimma«, von 1979 an das südliche Stadtgebiet Grimmas wesentlich bestimmte. Die großflächige Bebauung des Areals gibt noch heute Zeugnis davon. Die politische Wende 1990 überstand der Betrieb zwar, wurde jedoch deutlich verkleinert.

Der zweite beherrschende Betrieb um 1900 waren die Walther-Werke, im Jahre 1897 gegründet aus einer Bau- und Kunstschlosserwerkstatt durch Ferdinand Walther. Die Walther-Werke spezialisierten sich auf Elektroschaltgeräte, weshalb sie nach der deutschen Teilung in »VEB Elektroschaltgeräte Grimma« umbenannt wurden. Die politische Wende 1989/1990 überstand das Unternehmen allerdings nicht mehr. Und doch: Vergessen ist Ferdinand Walther nicht, schließlich gründete er in den 1930er Jahren die noch heute beliebte Wohngegend im Norden der Stadt, die ursprünglich für die weit über

Ferdinand Stolle

Ferdinand Ludwig Anders (1806–1872) ist unter seinem angenommenen Zweitnamen Ferdinand Stolle im Stadtbild Grimmas immer noch recht präsent, man denke etwa an das Stolle-Häuschen auf der Stadtmauer oder an das Stolle-Denkmal im Stadtwald. Sein Gedicht »Im Tale, wo die Mulde fließt« ist bis heute die heimliche Hymne der Stadt Grimma. Als der gebürtige Dresdner 1834 nach Grimma kam, hatte er bereits reichlich Erfahrung als Redakteur verschiedener Zeitungen gesammelt. Ein hochpolitischer Autor wie Stolle wusste, wie er die allmächtige Zensur einigermaßen auf Abstand halten konnte. Kein Wunder, dass er als Mitbegründer und Redakteur bis 1862 »Die Gartenlaube« herausgab, was dem liberalen Verleger Ernst Keil (1816–1878) durch seinen Konflikt mit der Obrigkeit verwehrt blieb. Die 1853 gegründete »Gartenlaube« verstand sich als ein »Illustrirtes Familienblatt« und gehörte in der zweiten Hälfte des 19. Jahrhunderts zu den wirksamsten und publikumsstärksten Zeitschriften überhaupt. Aber auch außerhalb seiner Zeitungstätigkeit war Stolle ein erfolgreicher, ausgesprochen produktiver Autor. Beachtlich ist eine dreißigbändige Auswahl seiner Schriften, die von 1853 bis 1865 erschien und 1865 um zwölf Bände ergänzt wurde. Heute warten viele dieser Texte auf ihre Leser, und manche Überraschungen lassen sich in den ganz und gar nicht verstaubten Texten finden.

1.500 Beschäftigten der Walther-Werke mit Wohnungen, Freibad, Kegelbahn und Sportplatz errichtet wurde.

Neben der Spitzenfabrik von 1907 am Unteren Bahnhof, die bis 1990 als kleineres Unternehmen internationale Anerkennung besaß, ist noch die 1910 gegründete Etuifabrik von Reinhold Kühn zu nennen, deren Gebäude jedem Grimmaer Besucher auffallen wird, wenn er dies- oder jenseits der Mulde die Stadt erkundet. Die Kühn-Brillenetuis sind ihrer hochwertigen Verarbeitung wegen legendär, selbst die Königin von England hat einige Exemplare davon in ihrem Besitz. Doch Billigproduzenten, meist aus dem asiatischen Raum, machten dem Betrieb aber nach der Wende ein Ende.

Im 21. Jahrhundert ist Grimma wieder zu einem weit ausstrahlenden Mittelzentrum geworden, nicht trotz – sondern gerade wegen des gesellschaftlichen Wandels von 1989/1990. Die frühere Amts- und Kreisstadt Grimma verstand es, wie so oft in ihrer langen Geschichte, sich den neuen Gegebenheiten anzupassen und sich zu einer starken Stadt zu entwickeln. Dazu trugen auch die Eingemeindungen seit 2003 bei, die die Bevölkerung von knapp 18.000 Einwohnern auf heute rund 30.000 Einwohnern anstiegen ließen. Mit ihren derzeit 64 Ortsteilen ist die »Große Kreisstadt Grimma« – so der offizielle Name seit 2008 – die bevölkerungsstärkste Stadt des Landkreises Leipzig. Das 217 Quadratkilometer große Grimma ist darüber hinaus die flächenmäßig viertgrößte Stadt des Freistaates Sachsen. Die »civitas Grymme«, die Bürgerstadt an der Mulde, ist somit gerüstet für die Zukunft, um das zu bleiben, was sie war und ist: die Perle des Muldentals. ●

▶ **THORSTEN BOLTE**
hat Germanistik und Musikwissenschaft studiert und ist heute Mitarbeiter des Kulturbetriebs Grimma mit dem Arbeitsschwerpunkt Museum Göschenhaus.

Ein Leben mit dem Wasser

Grimma und die Mulde

—

VON THORSTEN BOLTE

◀ Die Jahrhundertflut von 2002: Notsprengung der Pöppelmannbrücke

▼ Danach – Die zerstörte Schulstraße, 2002

◀ S. 32
Unberechenbare Mulde – das Hochwasser von 1974 nahe der Großmühle

So wie viele andere Städte an Flüssen ein ähnliches Schicksal erleiden mussten und müssen, so gehören auch Grimma und das Hochwasser untrennbar zusammen. Wie stark die immer wiederkehrenden Fluten die Stadt geprägt haben, veranschaulicht eine Messleiste, die an der ehemaligen, in der Nähe der Gattersburg an der Mulde stehenden Großmühle angebracht ist. Und auch ein Blick in die Geschichte zeigt, dass das Hochwasser zu Grimma einfach dazu gehört: Bereits 1306, 1315 und 1316 sollen die Fluten Gebäude zum Einsturz gebracht haben, wie ein Stadtchronist berichtet. Am 24. Juni 1433 stand das Wasser der Mulde knietief auf dem Marktplatz. Gute einhundert Jahre später, am 28. September

1539, strömte die »braune Brühe« dann schon mehr als einen Meter hoch durch die Stadt, und am 20. Juni 1573 sollen es sogar anderthalb Meter gewesen sein. Nach 1661 und 1694 suchte am 30. Juni 1771 das bis dahin schlimmste Hochwasser die Stadt heim. Wie im Jahr 2002 war es eine alles verschlingende Flutwelle, die Grimma erreichte und große Teile der Stadt zerstörte. Weitere Überschwemmungen sind für die Jahre 1858, 1897, 1909 und 1954 verzeichnet. Das Jahr 2002 aber veränderte alles.

Die Flut im August 2002 machte aus Grimma eine weltweite Schlagzeile, als die ansonsten so harmlos wirkende Mulde zerstörerisch anschwoll und mit einer rasenden Wucht unzählige Gebäude zerstörte oder stark beschädigte. Der 13. August 2002 hat sich tief ins Bewusstsein der Grimmaer Bevölkerung eingegraben. Wie präsent die Erinnerungen an die Flut noch immer sind, wurde am 19. August 2012 deutlich. Als an diesem Tag die unter dem Oberlandbaumeister Matthäus Daniel Pöppelmann zwischen 1716 und 1719 erbaute »Pöppelmannbrücke« feierlich wieder eröffnet wurde – sie musste, schon stark geschädigt, 2002 gesprengt werden, um das Muldewasser ablaufen zu lassen –,

gedachte man der schrecklichen Momente vor zehn Jahren, indem man Feuerwehrfahrzeuge mit Blaulicht und Sirene durch die Stadt fahren ließ. Viele Bürger, die 2002 dabei waren, hielten das kaum aus und verbrachten eine schlaflose Nacht.

Und doch war damit das letzte Kapitel in der Flutgeschichte der Stadt Grimma noch immer nicht geschrieben, denn das »Jahrhunderthochwasser« von 2002 war kaum verarbeitet, da kam es 2013 erneut zur Katastrophe. Anfang Juni überflutete die Mulde wieder die Stadt und machte vieles, was in den elf Jahren zuvor aufgebaut worden war, binnen Stunden zunichte. Auch wenn der Schaden diesmal nicht ganz so hoch war – »nur« 150 Millionen Euro gegenüber 250 Millionen Euro im Jahr 2002 –, so blieb diese neuerliche Katastrophe doch nicht ohne Folgen: Die bereits begonnenen Arbeiten an einer Hochwasserschutzwand – etwa zehn Meter tief im Boden und vier Meter hoch – wurden intensiviert, um die Stadt künftig besser zu schützen. Bleibt zu hoffen, dass dies gelingt und die Altstadt nicht alle zehn Jahre wieder neu aufgebaut und saniert werden muss. ●

Einzigartige geschichtliche Zeugnisse einer Stadt

Das Grimmaer Kreismuseum und seine Sammlungen

—

VON MARITA PESENECKER

Torblick: Von der ehemaligen Mädchenschule zum Kreismuseum

Das Grimmaer Kreismuseum befindet sich in einem geschichtsträchtigen Baudenkmal der Stadt. Im Mittelalter gehörte das Gelände des Museums zum Augustinerkirchhof. Die alte Klosterkirche der Augustiner-Eremiten in unmittelbarer Nachbarschaft prägt noch heute das Stadtbild.

Nach der Reformation richtete Magdalena von Staupitz im Jahre 1529 in einem kleinen Gebäude auf dem Kirchhof die erste Mädchenschule der Stadt ein. Sein heutiges Aussehen erhielt das Haus im Zuge des letzten großen Umbaus in den 1840er Jahren. Das Gebäude wurde 2002 und 2013 vom Hochwasser der Mulde stark in Mitleidenschaft gezogen. Heute stehen die Türen des sanierten Hauses mit seinen wertvollen Sammlungsstücken, der regionalgeschichtlichen Fachbibliothek mit 10.000 Büchern, Broschüren und Zeitungen, den neu konzipierten Dauerausstellungen und wechselnden Sonderausstellungen für die Besucher wieder weit offen.

Hervorgegangen ist das Museum aus einer Altertumsausstellung, welche im Jahre 1900 in Grimma stattfand. 1901 gründeten geschichtsinteressierte Bürger den »Geschichts- und Altertumsverein zu Grimma« (▶ S. 58) und veranstalteten Ausstellungen zu verschiedenen Themen mit den geschenkten oder als Leihgaben überlassenen Objekten. Damit war der Grundstein für einen ebenso vielfältigen wie historisch wertvollen Museumsbestand gelegt, der es bis heute ermöglicht, die Inhalte der Ausstellungen zeitgemäß zu variieren.

Interessante Funde aus der Stein-, Bronze-, Latene- und Slawenzeit sowie dem Mittelalter stellen einen Schatz dar, der im Museum auszugsweise präsentiert wird. Ergänzt werden diese historischen Objekte durch die geologische Sammlung, Dokumente zur Stadtgeschichte sowie die zahlreichen Zeugnisse des alten Grimmaer Handwerks, seien es Blaudrucker, Leineweber, Pfeifenmacher, Töpfer, Tuchmacher oder Zinngießer. Darüber hinaus erzählt das Museum aber auch die Geschichte der Grimmaer Husaren, die über einhundert Jahre in der Stadt stationiert waren.

Heute ist das Museum zu einem festen Bestandteil der Kulturlandschaft des Muldentals geworden. Es sieht sich als Bewahrer der geschichtlichen Sachzeugen und bietet neben interessanten Sonderausstellungen auch Vorträge und Veranstaltungen für Jung und Alt.

Für die Jüngsten wird die Geschichte Grimmas mit museumspädagogischen Angeboten lebendig erhalten. Eine Auswahl der Ausstellungen verschiedener Sammlungen soll im Folgenden vorgestellt werden.

Eine reiche Auswahl an Ausstellungsstücken, zahlreiche Sammlungen, Sonderausstellungen und Besucherangebote machen das Kreismuseum Grimma zu einem Ort, an dem sich Geschichte und Gegenwart treffen.

Stadtgründung und Stadtentwicklung

Die Ausstellung zur Stadtgeschichte zeigt interessante Exponate zur Stadtentstehung, zur Gerichtsbarkeit sowie zum geistlichen Leben. Den über die Jahrhunderte fast unveränderten Grundriss der Stadt und ihre Lage in topographischer und siedlungshistorischer Hinsicht zeigen die zwei Modelle des Holzbildhauers Otto Matthes. Sie veranschaulichen zudem sehr einprägsam die Entwicklung der Stadt. Nahe am Fluss gelegen und von einer doppelten Stadtmauer mit fünf Toren und einem umlaufenden Wassergraben umschlossen, war und ist Grimma auf das Engste mit der Mulde, ihrem Übergang und dem umliegenden Tal verbunden.

Zu den besonderen Schätzen des Museums zählen drei Altarfiguren aus der erstmals 1358 urkundlich erwähnten Kapelle des Georgenhospitals. Die drei polychromen Holzplastiken stellen die Heilige Anna selbdritt, den Heiligen Georg und die Heilige Barbara dar. Sie gehörten ehemals zum Altar dieses Aussätzigenhospitals und stammen aus dem frühen 16. Jahrhundert. Aus der Kirche der Augustiner-Eremiten stammt ein interessantes »Schallgefäß« vom Anfang des 15. Jahrhunderts. Um die Akustik zu verbessern, wurden mehrere dieser Gefäße mit der Öffnung zum Kirchenraum in die Mauer eingelassen. Eine kleine Präsentation widmet sich dem Kloster »Marienthron« in Nimbschen. Neben der Darstellung der Klostergeschichte werden die Baulichkeiten »Marienthrons«, die Wirtschaftstätigkeit der Zisterzienserinnen und das Leben Katharina von Boras beschrieben. Interessante Objekte sind ein 1982 im Klosterbrunnen gefundener Kopf eines schlafenden Jüngers und eine Kopie des Rechnungsbuches des Klosters von 1515/1516, in dem Katharinas Name erscheint. Schröpfköpfe und ein Kräuterbuch von 1572 erinnern an die Klostermedizin, zwei tragbare Reliquiare an die Reliquienverehrung im Kloster, der große eiserne Schlüssel des Klosters von etwa 1500 und der legendäre angeblich verlorene Schuh an die Flucht Katharina von Boras.

▲ Eine Hostiendose, die zu Ostern 1694 von einem Grimmaer Bürger für die Klosterkirche gestiftet wurde. Die Inschrift auf der Rückseite lautet »Dein Fleisch Jesu nähre mich mit dir zu leben ewiglich, 1694«

◀ Nachgestaltete Schwarze Küche im Kreismuseum – Wo in früheren Jahrhunderten die Mahlzeiten bereitet wurden

Die Plastik des Heiligen Georg stammt aus dem nicht mehr vorhandenen Altarschrein des Georgenhospitals. Vermutlich wurde die Figur mit der Anna selbdritt und der Heiligen Barbara bei der Restaurierung 1685 in diesem Schrein zusammengeführt

▶

Die Plastik der »Heiligen Anna selbdritt« stammt ebenfalls aus dem Altarschrein des Georgenhospitals

Töpferei, Ofenkacheln und Tonpfeifen

Die Arbeitswelt des Töpfers bis ins 20. Jahrhundert wird u.a. durch Arbeitsgeräte aus der Werkstatt des letzten Grimmaer Töpfermeisters Ernst Schubert aus der Schulstraße veranschaulicht. Neben der unentbehrlichen Drehscheibe weisen die Glasurmühle und verschiedene Handwerkszeuge auf die vielfältigen Arbeiten hin, die erfolgen mussten, bevor die gefertigten Werkstücke in den Brennofen gestellt werden konnten.

Bis zum Ende des 19. Jahrhunderts fertigten die Töpfer nicht nur Gebrauchsgeschirr, sondern auch Ofenkacheln, die sie selbst zu Öfen setzten. Tieferen Einblick in Umfang und Qualität der Ofenkachelproduktion in hiesigen Töpfereien brachte ein ungewöhnlich großer Fund in der Mühlstraße 7. 1992 fand man unter dem Dielenboden des Wohnzimmers über 150 Ofenkacheln und Modeln aus zwei Jahrhunderten (1550–1720). Die Bildthemen weisen eine große Vielfalt auf: biblische Szenen, Früchte- oder Blütenmotive, Tierdarstellungen, Porträts von Kurfürsten, Wappen und Szenen aus der griechischen Mythologie.

Eine kleine Auswahl von weißen Tonpfeifenköpfen verweist auf die Produktion dieses Rauchutensils in Grimma. Vom 18. bis in die Mitte des 19. Jahrhunderts arbeiteten jeweils vier bis fünf Tabakspfeifenmacher in der Stadt.

Textilhandwerk

Grimma war einst eine von Tuchproduktion und Tuchhandel geprägte Stadt. Die Weberstraße und die Tuchmachergasse künden mit ihren Namen noch heute davon.

Hauptsächlich im 13. und 14. Jahrhundert hatte dieses Handwerk einen wesentlichen Anteil am wirtschaftlichen Aufblühen der Stadt. Um 1400 arbeiteten etwa 36 Tuchmacher in Grimma, und Ende des 18. Jahrhunderts gehörten mehr als 140 Meister der Innung an. Das Textilhandwerk bot der hiesigen Bevölkerung ein gutes Auskommen. Das gut gehende Gewerbe der Tuchmacher bedingte zudem eine hohe Zahl von Beschäftigten in den der Weberei vor- und nachgelagerten Betrieben. Ein besonders sehenswertes Ausstellungsstück ist die mit dekorativen Schnitzarbeiten verzierte Eichentruhe der Tuchmacherinnung um 1650. Sie verwahrte einst die Innungsartikel, die Rechtsbriefe, das Siegel und das Meisterbuch der Innung. Außergewöhnlich ist ein Flaschenzug, der über dem eingravierten Stadtwappen die Jahreszahl 1548 trägt. Er steht in einer besonderen Beziehung zum Tuchmachergewerbe, da mittels dieses Flaschenzuges die fertigen und sehr schweren Tuchballen auf den Boden des Rathauses transportiert wurden, um sie hier zum Kauf anzubieten.

Brillenetuis, Glacé-Handschuhe und Scherzartikel

Reinhold Kühn gründete 1910 in Grimma, in der Klosterstraße 7, eine Etui-Fabrik.

Nach dem Ersten Weltkrieg entwickelte sich die Firma Reinhold Kühn zu einem der größten Etuihersteller des Landes. Bereits 1926 umfasste die breit gefächerte Produktpalette über 300 verschiedene Modelle in unterschiedlichen Material-und-Farbkombinationen. In der Ausstellung wird eine kleine Auswahl des reichhaltigen Sortiments gezeigt.

Schallgefäß aus der Klosterkirche

Heute kann man eine Vielzahl solcher Schallgefäße im unverputzten Mauerwerk der Klosterkirche erkennen. Sie sind fest mit dem Mauerwerk verbunden, die Öffnung der Gefäße zeigt jeweils in den Kirchenraum. Diese Gefäße hatten die Aufgabe, schallverstärkend zu wirken. Die Augustiner-Eremiten werden sich beim Bau ihrer Klosterkirche über die akustischen Probleme dieser

großen Saalkirche bewusst gewesen sein und ließen daher im oberen Wandabschluss Schallgefäße einmauern. Viel Erfolg scheinen sie damit allerdings nicht gehabt zu haben, denn als Luther am 18. September 1529, aus Marburg kommend, in der Klosterkirche der Augustiner predigte, bezeichnete er das Kirchenschiff aufgrund der schwierigen Akustik als einen »Brustbrecher«.

Die Geschichte der Handschuhfabrik, welche 1890 von den Brüdern Händel in Grimma gegründet wurde, ist dank großzügiger Leihgaben von Familie Köhler fundiert belegbar. Der gesamte Produktionsprozess vom Rohfell bis zum fertigen Handschuh lässt sich in einer neu gestalteten Dauerausstellung anhand verschiedenster Arbeitsgeräte und Werkzeuge sowie historischer Fotos aus den Werkstattbereichen nachvollziehen.

Das Museum gibt auch einen kleinen Einblick in die Produktpalette der einst marktführenden, seit Ende des 19. Jahrhunderts in Grimma angesiedelten Papierwarenfabrik Weißing. Dabei zeigt sich die Vielseitigkeit und Kreativität der vorwiegend in Handarbeit aus Papier und Pappe gefertigten Erzeugnisse wie Laternen und Girlanden, Hüte, Tanzorden und weiterer Cotillon-Artikel, die auf Festen und Tanzvergnügen Verwendung fanden und bis an die Metropolitan Opera in New York versandt wurden.

ser besonderen Schulform in Sachsen sein. Originale Schriftquellen wie die Schulordnung, Schüleraufsätze, Stundenpläne, Strafbücher, Zeugnisse usw. veranschaulichen die Ausbildung der begabten Knaben während ihrer sechsjährigen Schulzeit, in der sie auf ein Universitätsstudium in Leipzig oder Wittenberg vorbereitet wurden.　　　●

Die dritte sächsische Landesschule

Im Jahr 1550 wurde in Grimma die dritte Landesschule in Sachsen eröffnet (▶ S. 46).

Besonders interessant dürften neben der anschaulichen Darstellung der Schulhistorie, des Lebens im Alumnat, der Bibliothek und der Sammlungen mit einer Daktyliothek von 1767 die Einblicke in den strengen Schulalltag und das abgestufte Erziehungssystem die-

▶ **MARITA PESENECKER**
ist Kulturwissenschaftlerin und Museologin und arbeitet als Leiterin des Kreismuseums Grimma.

◀
Der wohlhabende Grimmaer Ratsherr Caspar Thiele (1537–1622) stiftete diese Abendmahlskanne der Klosterkirche

Die zerstörte Thomasschule in Leipzig nach dem Luftangriff vom 20. Februar 1944

»Singet dem Herrn ein neues Lied«

Die Grimmaer Fürstenschule als Exilort der Thomaner

VON AXEL FREY

Leipzig wurde während des Zweiten Weltkrieges von Luftangriffen zwar nicht völlig verschont, aber es schien glimpflich davonzukommen. In den frühen Morgenstunden des 4. Dezembers 1943 änderte sich das allerdings schlagartig. Es gab den mit Abstand verheerendsten Luftangriff, den Leipzig von insgesamt 14 Angriffen erleben sollte. Die alte Messestadt wurde schwer getroffen und vieles war, wie sich auch später zeigen sollte, unwiederbringlich dahin. Mit Federbetten, Handwagen und einigen Habseligkeiten retteten sich Hunderte von ausgebombten Leipzigern in die Thomaskirche, denn es war zu allem Unglück auch eine fürchterlich kalte Nacht. Man saß stumm auf den Kirchenbänken, und die Angst stand den Menschen ins Gesicht geschrieben.

Auch das Alumnat des Thomanerchores wurde getroffen. Die Älteren begannen sofort mutig mit dem Löschen, die Kleineren kamen zunächst in der naheliegenden Wohnung des Thomaskantors unter und warteten erst einmal ab. Bereits am selben Abend bestieg der ganze Chor einen Bus, der nach einer Irrfahrt durch das brennende Leipzig schließlich gegen Mitternacht vor der neuen Bleibe des Chores, der Fürstenschule in Grimma, anhielt. Die Schnelligkeit und Zielgerichtetheit des Vorgehens der Verantwortlichen des Chores lässt darauf schließen, dass man diesen Ortswechsel für den Fall des nun eingetretenen Falles bereits geplant und ganz im Stillen vorbereitet hatte. Alles blieb so geheim, dass selbst die Thomaner zunächst nicht wussten, wohin die Busfahrt führen sollte.

Mit den Fürstenschülern und den Zöglingen der dortigen Lehrerbildungsanstalt wurde nun zusammen gewohnt und gelebt; eine merkliche Umstellung im Lebensrhythmus des Chores, die so manchem Thomaner sicher vor Augen führte, welch einzigartige Verhältnisse im alten »Kasten« herrschten. Dass die Fürstenschüler in vielen persönlichen Erinnerungen der Thomaner kaum eine Rollen spielen, lässt vermuten, dass es wenige Probleme oder Reibereien mit ihnen gab, umso mehr aber mit den strammen Hitlerjungen der Lehrerbildungsanstalt, die sich selbst das gewohnte Tischgebet vor dem gemeinsamen Essen verbaten. Und auch wenn der Chor als »Gefolgschaft Thomanerchor« organisatorisch eine »Spielschar der Hitlerjungend« war, waren solche Manieren für die allermeisten der Sänger schon äußerst befremdlich.

Nicht ganz so bekannt ist, dass nach dem Chor in der Fürstenschule ab Januar 1945 60 externe, jüngere Gymnasiasten der Thomasschule per Kinderlandverschickung auf der Gattersburg untergebracht wurden. Alles in allem befanden sich, den Chor eingerechnet, rund 150 Schüler der »schola thomana« in Grimma. Man sprach deshalb offiziell von einem »Zweig Grimma« der Thomasschule. Die Jungen wurden immer nachmittags in der Fürstenschule von den Inspektoren, aber teilweise auch von älteren Thomanern unterrichtet.

Die musikliebenden Bürger von Grimma waren natürlich von der Präsenz des berühmten Chores in ihrer Stadt begeistert, zumal die Thomaner schon im Dezember 1943 das Weihnachtsoratorium gemeinsam mit dem Gewandhausorchester in der Grimmaer Frauenkirche aufführten. Später wurde dort neben den wöchentlichen Motetten-Fahrten nach Leipzig alle 14 Tage sonntags ebenfalls eine Motette gesungen. Darüber hinaus gab

»Exilort« Fürstenschule: Thomaskantor
Günter Ramin inmitten seiner Thomaner.
Die Uniformträger rechts sind Schüler
der Lehrerbildungsanstalt

es das Bachsche Magnificat, Weihnachtsliederabende und am
Karfreitag 1945 die Johannespassion mit dem Thomaskantor
am Flügel als Orchesterersatz.

Gern erinnerten sich die Jungen an den Kantorausflug im
Sommer 1944 mit der Wanderung von Großbothen aus, mit Rast
an der Parthequelle und der üppigen Verpflegung samt duften-
der Bowle in der Waldschänke. Die Chorleitung versuchte auch
unter diesen gewiss schwierigen Bedingungen, immer einigermaßen gewohnte Verhältnisse aufrechtzuerhalten.

Am 15. April 1945, einem »Motetten-Sonntag«, rückten
amerikanische Panzer auf Grimma vor. Der Volkssturm ver-
schanzte sich im Stadtwald gegenüber der Schule, so dass sich
der Chor urplötzlich inmitten von Kampfhandlungen sah und
sich in den für diesen Fall zugewiesenen Bergkeller begab.
Wenige Tage später richtete sich gar ein Maschinengewehr-
trupp der amerikanischen Armee für einen Tag in einigen Zim-
mern der Fürstenschule ein, die der Mulde zugewandt waren.
Es wurde heftig geschossen, was von den deutschen Soldaten
entsprechend erwidert wurde. Aber im hinteren Teil der Schule
versuchten die Thomaner zu üben und, fast unvorstellbar, ein
weitgehend »normales« Tagesgeschäft abzuhalten.

Nach der Einnahme der Stadt erwiesen sich die Amerikaner
als dem Chor zugeneigt und baten um Aufführungen in der
Frauenkirche, aber auch um ein Konzert vor ausländischen
Arbeitern, das in der Kaserne stattfinden sollte. Wegen der lau-
fenden Ausgangssperre ging der Chor unter Begleitung von
Soldaten dahin, was sich in Grimma blitzartig als Gerücht »Der
Thomanerchor ist abgeführt worden« verbreitete.

Abschied von Grimma wurde schließlich mit einer Motette
am 27. Mai 1945 in der hoffnungslos überfüllten Frauenkirche
genommen. Am 29. Mai, einem Dienstag, siedelte der Chor endgültig nach Leipzig zurück, um wieder in den vertrauten »Kasten«, das halbwegs hergerichtete Alumnat, zu ziehen.

Es war weit mehr als eine symbolische Handlung, es war
auch tiefempfundene Dankbarkeit gegenüber Grimma, als eine
nachfolgende Thomanergeneration am 18. Dezember 1993 das
Weihnachtsoratorium in der Frauenkirche aufführte. Und es
ist ganz und gar kein Zufall, dass das Bachsche Werk auf den
Tag genau 50 Jahre nach jenem ersten Konzert am 18. Dezember 1943 wieder in der Frauenkirche erklang. Man erinnerte
auf diese wunderbare Art und Weise an die rund eineinhalb
Jahre, in denen die gastfreundliche Muldenstadt trotz eigener
Bedrängnisse den hilfesuchenden Thomanern Schutz und eine
vorübergehende Heimat geboten hatte.   •

▶ **AXEL FREY**
  ist Literaturwissenschaftler und als freier Herausgeber tätig.

Karte der wettinischen Länder nach der Teilung 1485. Vorlage Karlheinz Blaschke. Die Karte spiegelt die territorialen Veränderungen in Mitteldeutschland durch die Landesteilung zwischen Ernst und Albrecht und durch die Ergebnisse des Schmalkaldischen Krieges, nach denen die Kurwürde und große Teile der ernestinischen Herrschaft an die Albertiner übergingen. Man erkennt gut die in mancherlei Beziehung besondere Stellung des zunächst noch ernestinischen Grimma zwischen den albertinischen Landesteilen

Est.

Brandenburg

K u r f ü r s

Burg   M a g d e -

burg

Magdeburg   Gommern

Grötzkyl

Barby   Zerbst   Belzig   Treuen-brietzen

Niemegk

F t m.

ELBE   Wittenberg

Halberstadt   Dessau   Gräfenhainichen   Pretzsch

Quedlinburg   Bernburg   Köthen   Schmiedeberg

Dommitzsch

F t m.   A n h a l t   Torga

A n h a l t   Hettstedt   Zörbig   Bitterfeld   Düben

Gft.   Mansfeld   Est.   M a g d e -   Landsberg   Delitzsch   Eilenburg   Schi

Gft.   Wippra   M a n s f e l d   Eisleben   burg   Halle   Schkeuditz   Breitenfeld   Hst. Meißen

Stolberg   Sangerhausen   Lauchstädt   Leipzig   Wurzen

Stolberg   Nordhausen   Kelbra   Ma   Querfurt   Schafstädt   Merseburg   Altranstädt   Hst.   Merseburg   Trebsen

Hohnstein   Heringen   Artern   Heldrungen   Lauchstädt   Lützen   Grimma

Gft.   Sondershausen   Mf   Wiehe   Lauchа   Freyburg   Waidenfels   Colditz

Schwarzburg   Weißensee   Risleda   Naumburg   Borna   Leisnig   Colditz

Mühlhausen   Tennstedt   E   Buttelstedt   Eckarts   Zeitz   Frohburg   Rochlitz   S

Treffurt   Langensalza   G   Eisenberg   Hst.   Naum-   burg   Naumburg   Geithain

Creuzburg   Gerstungen   Eisenach   Gotha   Erfurt   Weimar   Berka   E   Jena   Eisenberg   Hft.   Altenburg   Schmölln   Waldenburg

Walterhausen   G   E   Arnstadt   R   Blankenhain   Kahla   Roda   Gera   Reuß   Ronneburg   Crimmitschau   Hft.   Glauchau

Salzungen   Öhrdruf   Stadtilm   Rudolstadt   Neustadt   Weida   Werdau   Zwickau   Schönburg

Gft.   Schmalkalden   Gft.   Ilmenau   Königsee   Saalfeld   Ziegenrück   Arnshaugk   Auma   Lichtenstein

Wasungen   Benshausen   Schwarzburg   Schwarzburg   Schw.   Schleiz   Pausa   Reuß   Greiz   Reichenbach   Wildenfels   Grünhain

Kühndorf   Suhl   Gräfenthal   Mühltroff   Plauen   Treuen   Auerbach   Schwarzenberg

Meiningen   Lehesten   Vaigtsberg   Falkenstein   Löβnitz

H e n n e b e r g   Schleusingen   Bayr.   Adorf   Schöneck   Hft.   Schönbu

Hildburghausen   Eisfeld   Hst.   Hof   Oelsnitz   Graslitz   Platten

Sonneberg   Bamberg   Asch   Joa

Kissingen   Coburg   M g f t.

B a y r e u t h

REFORMATION IN WORT UND BILD

Von der Klosterruine in Nimbschen über die Augustiner-Klosterkirche bis hin zum Schloss – Grimma bietet viele Spuren, die an das Reformationsgeschehen vor 500 Jahren erinnern. Die Stadtgeschichte ist eng verknüpft mit Namen wie Katharina von Bora, Johann und Magdalena von Staupitz, Philipp Melanchthon und natürlich Martin Luther. Zeit also, einmal genauer hinzuschauen ...

Leipziger Teilung 1485

	Ernestinisches Kurfürstentum	Reichs-		unter ernestinischer Hoheit
	Albertinisches Herzogtum	ständische		unter albertinischer Hoheit
	Gemeinschaftlicher Besitz	Gebiete		unter gemeinsamer Hoheit

- E Erfurter Gebiet
- G Herrschaft Gleichen
- M Hochstift Meißen
- Ma Erzstift Magdeburg
- Mf Grafschaft Mansfeld
- R Reußische Herrschaften
- S Schönburgische Herrschaften

Wittenberger Kapitulation 1547

	Grenze des albertinischen Gebietes		Grenze des böhmischen Gebietes
	Grenze des ernestinischen Gebietes		

Naumburger Vertrag 1554

von den Albertinern an die Ernestiner abgetreten

»Nun will ich der Pauke ein Loch machen«

Die Wittenberger Reformation in Stadt und Amt Grimma

—

VON HEIKO JADATZ

Der Wittenberger Reformation in Grimma gehen Entwicklungen voraus, die bis ins Hochmittelalter zurückreichen. In jener Zeit befestigten die Markgrafen von Meißen die Burg und vergrößerten die Marktsiedlung. So sicherten sie den Übergang über die Mulde und machten Grimma zur markgräflichen Stadt. Dazu gehörte natürlich auch die Erweiterung der »kirchlichen Landschaft«. Die Frauenkirche wurde zur Stadtkirche umgebaut und mehrere Hospitäler wurden gegründet. Um die Mitte des 13. Jahrhunderts wurden Zisterzienserinnen in Grimma angesiedelt, die ihr Kloster schließlich südlich der Stadt an der Mulde in Nimbschen errichteten. Ende des 13. Jahrhunderts kam der Orden der Augustiner-Eremiten mit einem Kloster innerhalb der Stadt hinzu. Zu Beginn des 15. Jahrhunderts schließlich wurde die Burg zur Nebenresidenz der sächsischen Landesherren hergerichtet. Herzog Albrecht der Beherzte wurde hier geboren. Kurfürst Friedrich der Weise erhielt auf dem Grimmaer Schloss seine Schulausbildung. Mehrere Land- und Fürstentage fanden in dieser Zeit hier statt. Nach der Leipziger Teilung von 1485 gehörten Stadt und Amt Grimma zum ernestinischen Teil Sachsens. Er bildete einen schmalen Korridor zwischen den albertinischen Gebieten. Aber gerade dadurch gewannen Stadt und Amt Grimma mit der Wittenberger Reformation an Bedeutung, denn im Herzogtum Sachsen hielt Herzog Georg bis zu seinem Tod 1539 am alten Glauben fest. In Kursachsen dagegen setze sich Ende der 1520er Jahre die Reformation durch. Somit galt Grimma als ein lutherischer »Stützpunkt« inmitten des altgläubigen Herzogtums.

In der Muldestadt lassen sich die Vorboten der Wittenberger Reformation deutlich feststellen, denn das Augustiner-Eremitenkloster in Grimma war mit den Wittenberger Augustinern eng verbunden. So kam im Jahr 1516 der Generalvikar des Ordens, Johann von Staupitz, in die Stadt, um das Kloster zu visitieren. Die Wittenberger Ordensbrüder Wenzeslaus Linck und Martin Luther gehörten zu seiner Kommission. Luther predigte in der Klosterkirche und kritisierte dabei den päpstlichen Ablasshandel mit den überlieferten Worten: »Nun will ich der Pauke ein Loch machen.« Die Ablasskritik war ein Jahr später Anlass für seine 95 Thesen, die er am 31. Oktober 1517 in Wittenberg anschlagen ließ, wodurch die Reformation schließlich ins Rollen gebracht wurde.

Schon bald nach dem Thesenanschlag war in Kursachsen zu spüren, dass sich die Reformation in einzelnen Städten und Gemeinden schnell ausbreitete. Im Grimmaer Umland gab es einige Pfarrer, die kurz nach 1520 lutherisch wurden, wie in Schönbach, Großbuch und Trebsen. Für Grimma selbst gibt es keine eindeutigen Belege für frühe lutherische Tendenzen. Es wird lediglich vermerkt, dass die Leute von Höfgen nach Grimma zum Gottesdienst gehen würden, weil der Höfgener Pfarrer zu »papistisch« sei.

Die lutherischen Gottesdienste im Grimmaer Umland bewegten den Merseburger Bischof Adolf im Jahre 1524 dazu, die kursächsischen Ämter an

◀
Kurfürst Friedrich der Weise (1463–1525) erhielt seine Schulausbildung im Grimmaer Schloss und schützte Luther vor päpstlichen und kaiserlichen Zugriffen. Er legte aber nie ein öffentliches Bekenntnis zur reformatorischen Bewegung ab

◀ S. 42
Kurfürst (bis 1547) Johann Friedrich der Großmütige (1503–1554), Gemälde aus der Cranach-Werkstatt

Die 1888 abgebrochene Nikolaikirche. Lithographie aus »Geschichte der Stadt Grimma ...« von Christian Gottlob Immanuel Lorenz, 1870

▼

Flugschrift Martin Luthers von 1523, die die Klosterflucht der Nonnen im Nachhinein rechtfertigte

der Mulde zu visitieren. Es würden immer mehr von dem »alten loblichen Christlichen gebrauch« abfallen, schrieb er an den sächsischen Herzog Georg. Deshalb beabsichtige der Bischof eine Visitationsreise in den verdächtigen Gebieten seiner Diözese. So kam er im August nach Grimma, lud dort die verdächtigen Pfarrer von Trebsen, Schönbach, Großbuch, Machern und Polenz vor und exkommunizierte sie schließlich. Der »Rauswurf« aus ihren Ämtern war jedoch ohne Wirkung. Unter dem Schutz des kursächsischen Landesherrn blieben sie auf ihren bisherigen Pfarrstellen.

Dieser evangelischen Bewegung folgte ab 1525/1526 eine durch den Landesherrn gesteuerte Einführung der Reformation. Weil die Bischöfe nicht mehr für die kirchliche Ordnung infrage kamen, wurde nun dem sächsischen Kurfürsten Johann der Aufbau einer evangelischen Landeskirche von Luther in die Hände gelegt. 1526/1527 fiel die Entscheidung, durch Visitationen in allen Städten und Gemeinden Kursachsens flächendeckend die Reformation einzuführen, evangelische Prediger anzustellen und evangelische Gottes-

dienste zu halten. Die Visitation war ursprünglich eine Pflicht oder ein Recht des Bischofs, Gemeinden zu besuchen, um dort quasi nach dem Rechten zu sehen, das heißt zu überprüfen, ob sich der Pfarrer etwas zuschulden kommen ließ, welche Güter und Einnahmen die Kirche besaß, ob die Gemeinde die Gottesdienste besuchte usw. Dieses Bischofsrecht wurde nun auf den sächsischen Kurfürsten übertragen. Eine Kommission von Theologen und Juristen zog fortan von Ort zu Ort, um die Reformation in den kursächsischen Städten und Dörfern durchzusetzen. Im »Handgepäck« hatten die Visitatoren die Werkzeuge für evangelische Pfarrer und Gemeinden: Luthers Evangelisches Gesangbuch, den Kleinen Katechismus sowie die Schrift »Unterricht der Visitatoren an die Pfarrherren zu Sachsen« – eine erste Anleitung für evangelische Pfarrer, in der unter anderem Abendmahl, Taufe, evangelischer Gottesdienst und Ausbildung der Schüler beschrieben wurden.

Im Mai 1529 trafen die Visitatoren schließlich in Grimma ein. Ihr erster Weg führte sie zum Zisterzienserinnenkloster in Nimbschen. Das Kloster galt als ein vermögendes und auch 1529 noch sehr intaktes Kloster. Die Äbtissin Margarethe von Haubitz führte es offensichtlich mit großem wirtschaftlichen

Grimma und seine umliegenden Gemeinden waren Vorboten der Reformation und »Stützpunkte« inmitten des altgläubigen Herzogtums Sachsen.

MAURITIUS ELECT. DUX SAXO:

Geschick. Im Besitzverzeichnis sind ganze Dörfer, wie Großbardau, Großbothen, Höfgen, Kaditzsch, Seelingstädt und Stockheim aufgeführt. Es lag auf der Hand, dass die Äbtissin und die weiteren 17 Nonnen, die hier im Kloster lebten, ihre klösterliche Existenz und vor allem ihren immensen Besitz nicht einfach aufgeben wollten. Die Visitatoren sagten den Zisterzienserinnen zu, weiter im Kloster leben zu dürfen, und legten in einer Ordnung fest, wie das Klosterleben in Nimbschen künftig verlaufen sollte. Den Nonnen wurde verboten, die Marienfeste und andere Heiligenfeste zu feiern. Das Abendmahl sollten sie nur noch in beider Gestalt empfangen, aber alle bisherigen Messen, Stundengebete und Andachten durften sie weiter halten. Einmal pro Woche allerdings sollten sie – zur Bewahrung eines ordentlichen Klosterlebens – vom Pfarrer aus Grimma im Katechismus Luthers geübt werden. Generell hatte die Äbtissin auf ihre Nonnen zu achten und gegebenenfalls mit »leiblicher Disciplin und Strafe« gegen Ungehorsam vorzugehen. Wollte jedoch eine Nonne das Kloster verlassen und heiraten, sollte die Äbtissin dieser eine Abfindung zahlen und sie dann ziehen lassen.

Ganz anders konnten die Visitatoren mit den Augustinern in Grimma verhandeln. Hier hatten 1529 bereits acht der neun Mönche »ihre kappen abgelegt« und sich für die Reformation entschieden. Mit dem einen widerspenstigen Mönch wurde noch einmal gesprochen, doch war dieser nicht bereit, die Lehre Luthers anzunehmen. Die Visitatoren fanden den Mönch mit einer Geldsumme und einigen Büchern aus der Klosterbibliothek ab und ließen ihn in ein anderes Kloster außerhalb Kursachsens wechseln. So konnte das Grimmaer Augustinerkloster zügig aufgelöst werden. Kirche, Klostergebäude und Klostergüter erhielt der Landesherr, der sie 1540 der Stadt schenkte. Im Jahr 1550 ließ Kurfürst Moritz von Sachsen in den ehemaligen Gebäuden dann die dritte der berühmten sächsischen Landesschulen einrichten.

In der Amtsstadt Grimma schufen die Visitatoren quasi das kirchliche Zentrum der Region. Der ehemalige Grimmaer Augustinermönch Johann Schreiner wurde hier erster Superintendent. Für die Schule sollten die Reformatoren Luther und Melanchthon einen geeigneten Rektor finden. Auch eine Mädchenschule wurde in der Stadt eingerichtet, dafür stellten sie Magdalena von Staupitz, eine der 1523 aus Nimbschen geflohenen Zisterzienserinnen, als Lehrerin an.

Damit war in Grimma und dem dazugehörigen Amt die Wittenberger Reformation auf den Weg gebracht. Als kursächsische Region inmitten des antilutherischen sächsischen Herzogtums wurde das Amt Grimma ein wichtiges Zentrum der lutherischen Kirchenpolitik in Sachsen. •

Moritz von Sachsen (1521–1553), ab 1547 Kurfürst. Mit der Veröffentlichung der »Neuen Landesordnung« legte er 1543 den Grundstein zur Stiftung der drei sächsischen Landesschulen, die 1550 mit der Errichtung der dritten Landesschule in Grimma – anstelle von Merseburg – ihren Abschluss fand

▶ **DR. HEIKO JADATZ**
   ist Kirchenhistoriker und als Pfarrer der Evangelisch-Lutherischen Landeskirche Sachsens tätig.

Bildung für das ganze Land

Die Landesschule in Grimma und die Reformation

—

VON VOLKER BEYRICH

Klosterstraße und Klosterkirche, Augustinergasse und – nicht weit entfernt – die Paul-Gerhardt-Straße bilden heute das Umfeld des Gymnasiums St. Augustin und verweisen auf dessen Vergangenheit. Hier, im östlichen Teil der Grimmaer Altstadt, direkt neben der Mulde, standen 1290 erste Gebäude eines Klosters der Augustiner-Eremiten. 260 Jahre später, am 14. September 1550, eröffnete man in dem verlassenen und umgebauten Kloster die dritte der sächsischen Landesschulen. Der Grundstein für die spätere »Schulstadt Grimma« war damit gelegt.

Die Entstehung der drei berühmten Landesschulen in Sachsen – Meißen, Schulpforta und schließlich Grimma – ist ohne die Reformation gar nicht denkbar. Schon 1523 hatte Luther die Übergabe der säkularisierten geistlichen Güter an das Land und die Städte empfohlen. In Sachsen setzte sich der Landesherr mit seinem Vorschlag durch, einen Teil dieser Güter zu verkaufen. Er erhielt die Kaufsumme, Adel und Stadtbürger erweiterten ihre Besitzungen. Zum Beispiel erwarb die Stadt Grimma die ehemalige Klostermühle (Großmühle). Das leerstehende Klostergebäude bekam sie vom ernestinischen Kurfürsten Johann Friedrich 1540 geschenkt. Es brachte allerdings kaum Nutzen, und die Erhaltung verursachte hohe Kosten. Kaum zehn Jahre später entschied sich der nun albertinische Kurfürst Moritz, angeregt von der in Deutschland schon verschiedentlich geübten Praxis und den Vorschlägen seiner Räte, die ehemaligen geistlichen Besitzungen auch für neu zu schaffende Schulen zu nutzen. Die Stadt Grimma griff diese Orientierung auf, als sie am 1. Mai 1549 die Klostergebäude dem in der Stadt weilenden Kurfürsten für die Gründung der noch ausstehenden dritten Landesschule anbot. Allein damit waren schon wichtige materielle Voraussetzungen für die Schulgründung gegeben. Zwischen der Reformation und der damaligen Schulbildung bestand aber auch ein wichtiger geistesgeschichtlicher Zusammenhang. Gottes Wort sei – so Luther – jedem Christen, auch dem »gemeinen Mann«, in der Heiligen Schrift unmittelbar zugänglich. Das freilich setze ein gewisses Maß an Bildung voraus. Luther meinte zudem, dass Bildung nicht nur für den rechten Glauben erforderlich sei, sondern

Paul Gerhardt

Der nach Luther wohl bedeutendste Dichter evangelischer Kirchenlieder, Paul Gerhardt, wurde 1607 in Gräfenhainichen geboren. Vater und Mutter waren schon gestorben, als er 1622 Schüler der Landesschule Grimma wurde und sie bis 1627 besuchte. Der Junge kam mit den hohen Anforderungen gut zurecht. Seine Griechisch- und Lateinkenntnisse waren die beste Grundlage für das sich in Wittenberg anschließende Theologiestudium. Nach dem Studium arbeitete Gerhardt als Hauslehrer. In Berlin bekam er Kontakt zum Kantor der Nikolaikirche,

Johann Crüger. Die Zusammenarbeit der beiden setzte sich fort, als Paul Gerhardt zum Diakon der Nikolaikirche gewählt wurde. Wegen Unstimmigkeiten mit dem Großen Kurfürsten Friedrich Wilhelm verlor er aber sein Amt und ging schließlich nach Lübben. Von der neuen Gemeinde anerkannt, dennoch aber einsam – vier seiner fünf Kinder und seine Frau waren gestorben –, wirkte Paul Gerhardt in der damals sächsischen Gemeinde als Pfarrer. Kirchenlieder schrieb er bis zu seinem Tod 1676 nicht mehr.

dass sie die Voraussetzung schaffe für die Bewältigung der weltlichen Aufgaben der Menschen, für das Funktionieren des Staates und für die Bewährung auf beruflicher Ebene. Zu beachten war natürlich auch, dass mit der Auflösung der Klöster ein wichtiger Teil des alten Bildungssystems wegbrach, waren doch bisher die geistlichen Einrichtungen, besonders die Dom-, Stifts- und Klosterschulen, das Rückgrat der Bildung gewesen. Die Gründung einer Vielzahl von städtischen Schulen und die Einrichtung der Landesschulen sollten diese Lücke füllen. Damit schuf die Reformation ein überaus günstiges Klima für den Bildungsaufschwung. Der Auftakt zur Gründung von »dreyen neuen Schulen« erfolgte mit der Verkündung der »Neuen Landesordnung« von 1543. Ein Vergleich dieses Dokuments mit Forderungen der Reformation offenbart wesentliche Übereinstimmungen. Ziel der Bildung an den Landesschulen sollte sein, dass »die Jugend zu Gottes Lobe und im Gehorsam erzogen, in den Sprachen und Künsten [Wissenschaften] und dann vornehmlich in der Heiligen Schrift gelehret und unterweiset werde, damit es … an Kirchendienern und andern gelahrten Leuten … nicht Mangel gewinne«. Diese neuen Schulen zogen aber nicht einfach nur in leerstehende Gebäude ein, sondern bekamen Besitzungen der Klöster zu ihrer Unterhaltung. So wurde die

Grimmaer Landesschule mit den Einkünften des ehemaligen Klostergutes Nimbschen und seiner Dörfer Großbardau, Groß- und Kleinbothen, Schaddel, Kaditzsch, Schkortitz und Höfgen ausgestattet sowie mit denen des Klosters Buch bei Leisnig (Klosterbuch). Diese gute wirtschaftliche Basis ermöglichte die Einrichtung von Freistellen für etwa 50 Prozent der Schüler. Auf diese Weise konnten auch die Kinder ärmerer Eltern – der Zeit entsprechend waren es nur Knaben – bei Eignung den Weg zur Universität einschlagen. So gehörten zu den ersten Schülern der Grimmaer Landesschule neben einigen Söhnen von Adligen, Bürgermeistern und Ratsherren der Sohn eines verstorbenen Schwarzfärbers und »ein armer elender ways«. Der mittellose Junge ohne Vater nannte sich später Johann Clajus und wurde ein bedeutender Sprachwissen-

links: Auf Empfehlung Melanchthons wurde Adam Siber der erste Rektor der Landesschule Grimma. Er entwarf eine Schulordnung und arbeitete maßgeblich an der ersten Landesschulordnung Sachsens mit

rechts: Herzog Moritz unterschreibt die »Dreier Schulen / vnd in etlichen andern Artickeln Nawe Landtsordnunge …«. Grafik nach dem Historiengemälde von Ferdinand Pauwels, 1885

Die Gründung der Landesschule war vor allem Ausdruck des allgemeinen Bildungsanspruchs der Reformation.

Winterimpression –
Blick über die Mulde
zum Gymnasium
St. Augustin

▶ S. 49
Nicht nur Ort der
Geschichte: Das Gym-
nasium St. Augustin
ist heute eine
moderne Bildungs-
einrichtung

schaftler. Der Veröffentlichung der »Neuen Landes-ordnung« und der Gründung der Schulen waren Beratungen vorausgegangen, in denen vor allem die Räte des Moritz von Sachsen, namentlich Georg von Komerstadt und Johannes Rivius, eine wichtige Rolle gespielt hatten. Vor allem Rivius besaß ein humanistisches Konzept, erworben an der Univer-sität Leipzig, und reiche pädagogische Erfahrungen aus seiner Tätigkeit an Schulen aufstrebender säch-sischer Städte wie Zwickau und Freiberg. Die füh-renden Vertreter der Wittenberger Reformation, Luther und der »Bildungsfachmann« Melanchthon, hatten also zunächst keinen direkten Anteil an der Gründung der Schulen, wohl aber äußerte sich in diesem Ereignis der Geist der Reformation. Erst als sich Melanchthon zu Beginn der 1550er Jahre an den Schulvisitationen beteiligte, gewann er persön-

lich Einfluss. Aber auch so wirkten die Landesschu-len von Anfang an als Stabilisatoren der Reforma-tion, wie es die »Neue Landesordnung« forderte. Und die Praxis bestätigte diese Orientierung: So studierten von den 25 Knaben, die 1550 in die Schule aufgenommen wurden und deren späterer Beruf bekannt ist, 15 Theologie. Kurfürst Moritz ging es aber auch – wie Luther – um die Ausbildung von »andern gelahrten Leuten« wie Juristen, Verwal-tungsbeamten und kurfürstlichen Räten, die direkt zur Festigung und Ausdehnung des Territorialstaa-tes beitragen konnten. Sein Interesse richtete sich also bei den Schulgründungen sowohl auf die geist-lichen als auch auf die weltlichen Angelegenheiten. In den der Gründung folgenden rund 400 Jahren waren die Fürstenschulen, wie die Einrichtungen nach Mitte des 19. Jahrhunderts genannt wurden, wichtiger Bestandteil des Bildungssystems in Sach-sen, ja in Deutschland. Die Schulen bestimmten entscheidend das Kultur- und Bildungsniveau mit, nicht nur in der Hinsicht, dass bedeutende Persön-lichkeiten aus ihnen hervorgingen, sondern vor allem dadurch, dass sie jene ausbildeten, die später in Sachsen auf hohem Niveau wiederum selbst Bil-dung vermittelten, also Pfarrer, Gymnasial- und Hochschullehrer. So formulierte der Pädagoge und Philosoph Friedrich Paulsen einst, dass die Fürsten-schulen »dazu beigetragen haben, dem kurfürstli-chen Sachsen durch zwei Jahrhunderte die erste

Stelle im gelehrten Deutschland zu verschaffen«. Berühmte Schüler in Grimma waren, um wenigstens einige zu nennen, der Kirchenlieddichter und Theologe Paul Gerhardt, der Philosoph Samuel Pufendorf, der Schulpädagoge Gustav Friedrich Dinter, der Naturwissenschaftler Eduard Pöppig und der Politiker Wilhelm Külz.

Nach 1933 freilich blieben die Schulen nicht vom Einfluss des Nationalsozialismus verschont, und mit der sogenannten Schulreform und der »Einheitsschule« 1945 hörten sie in der Sowjetischen Besatzungszone schließlich ganz auf zu existieren. Am schwerwiegendsten aber war, dass in der DDR eine erfolgreiche 400-jährige pädagogische Tradition abgebrochen und systematisch verschwiegen wurde. Seit dem Beginn der 1990er Jahre und der Umbenennung der Schule in Gymnasium »St. Augustin zu Grimma« wird nun immerhin versucht, diese bedeutende Tradition aufs Neue zu beleben und wieder ins öffentliche Bewusstsein zu rufen. •

▶ **VOLKER BEYRICH**
war bis 2001 Pädagoge und leitet ehrenamtlich das Archiv der Fürstenschülerstiftung.

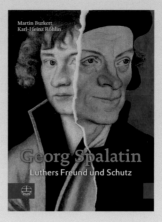
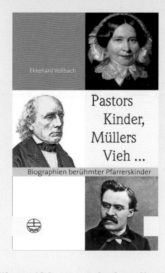

Der Geburtsort des Stammvaters des sächsischen Königshauses

Herzog Albrecht der Beherzte und Grimma

—

VON ANDRÉ THIEME

Stadtansicht Grimmas in einer Federzeichnung vom »Geographus und Historicus« Wilhelm Dilich (1571–1650), entstanden 1626

Die Stadt Grimma mit dem wettinischen Schloss gehörte in der Mitte des 15. Jahrhunderts zu den bevorzugten Stationen des reisenden Hoflagers der Kurfürstin Margarethe von Sachsen. Schloss Grimma hatte erste wenige Jahrzehnte zuvor unter Markgraf Wilhelm I. von Meißen eine grundlegende Modernisierung erfahren und zählte immer noch zu den komfortableren Residenzen der wettinischen Herrschaft. Nicht ganz zufällig wurde die Stadt an der Mulde deshalb am 31. Juli 1443 zum Geburtsort eines der bedeutendsten wettinischen Fürsten: Herzog Albrechts des Beherzten.

Für Albrechts weiteres Leben spielte der Geburtsort Grimma freilich keine wichtige Rolle mehr, ebenso wenig der Herzog für die Stadt. Dennoch sollten zu Albrechts Lebzeiten, am Vorabend des Reformationsjahrhunderts, entscheidende Weichen für das Schicksal der Stadt im kommenden 16. Jahrhundert gestellt werden.

Albrecht wurde als dritter Sohn Kurfürst Friedrichs II. des Sanftmütigen von Sachsen geboren, aber nur zwei der Söhne Friedrichs und Margarethes erreichten das Erwachsenenalter: der zwei Jahre ältere Ernst und Albrecht. Eine gewisse Berühmtheit erlangten die beiden schon als Knaben, weil sie im sogenannten Altenburger Prinzenraub Opfer einer vielbeachteten Entführung wurden. Albrecht konnte allerdings schon wenige Stunden nach der Tat befreit werden, der Entführer Kunz von Kaufungen wurde gefangen und kurz darauf in Freiberg geköpft.

Als Kurfürst Friedrich II. 1464 starb, belehnte ihr Onkel, Kaiser Friedrich III., Ernst und Albrecht gemeinsam mit den väterlichen Herrschaften. Die Kurwürde und die Herrschaft über den Kurkreis um Wittenberg standen allerdings allein dem älteren Ernst zu. Die beiden jungen Brüder verständigten sich

auf ein gemeinsames »brüderliches Regiment«. In diesem Arrangement blieb für Albrecht faktisch allerdings nur eine nachgeordnete Rolle übrig. Während Ernst die Geschicke des Landes in die Hände nahm, suchte der von diesen täglichen Pflichten befreite Albrecht außerhalb Sachsens nach Ruhm und Abenteuern. Als Söldnerführer trieb es ihn 1467 nach Österreich, 1474/1475 führte er das starke sächsische Aufgebot in der Reichskampagne gegen Herzog Karl den Kühnen von Burgund an den Niederrhein und 1477 reiste er als Pilger ins Heilige Land.

Als sich Albrecht seit dem Ende der 1470er Jahre dann immer häufiger und länger in Sachsen aufhielt, verschlechterten sich die Beziehungen zwischen den beiden fürstlichen Brüdern zügig. Die seit 1470 für eine gemeinsame Doppelhofhaltung erbaute Albrechtsburg wurde nie bezogen; stattdessen residierte Albrecht seit 1482 in Torgau. Ausschlaggebend dafür, die gerade erst wiedervereinte wettinische Gesamtherrschaft zwischen den Brüdern zu teilen, wurde allerdings, dass sowohl Ernst als auch Albrecht erbberechtigte Söhne gezeugt hatten. Eine »biologisch-generative Lösung« war damit ausgeschlossen.

1485 erfolgte die nach dem Schiedsort benannte »Leipziger Teilung«. Nach altem Brauch hatte der ältere Ernst einen Teilungsvorschlag unterbreitet und der jüngere Albrecht einen Landesteil gewählt: den östlichen um Meißen und Dresden. Allerdings hatte Ernst die Landesteile nicht nach alten herrschaftlichen Wurzeln zusammengesetzt. Um den Zusammenhalt der Gesamtherrschaft herauszustellen, blieben die Landesteile seltsam verklammert: Albrecht bekam auch einige Ämter im nördlichen Thüringen, Ernst solche im alten meißnischen Markengebiet, darunter Borna und Grimma!

Damit gehörten Schloss, Stadt und Amt Grimma seit 1485 zum ernestinischen Kurfürstentum Sachsen und standen in keiner herrschaftlichen Beziehung mehr zu Albrecht dem

L S. Nicolaus   n Lohnstetter Thor
l Das Schloß   o Brücke
m Brückenthor   p Die Mulda

Die Belehnung von Ernst und Albrecht durch Kaiser Friedrich III. im Jahre 1464. Historiengemälde von Alfred Diethe in der Albrechtsburg zu Meißen

Porträt Albrechts des Beherzten (1443–1500), um 1494, Gemälde eines Flämischen Meisters. Es ist das einzige zeitgenössische Porträt Herzog Albrechts und zugleich die älteste zeitgenössische Darstellung eines Wettiners überhaupt

Beherzten. So sollten es letztlich die ernestinischen Neffen Herzog Albrechts, Friedrich der Weise und Johann der Beständige, sein, die Grimmas Geschicke im Reformationszeitalter als Landesherrn bestimmten.

Erst Albrechts Enkel, Moritz von Sachsen, nahm die Stadt nach dem Sieg über die Ernestiner in der Schlacht bei Mühlberg 1547 dauerhaft für die Albertiner in Besitz. Amt und Stadt gingen nun im neuen, mächtigen albertinischen Kurfürstentum Sachsen auf.

Für Herzog Albrecht den Beherzten wurde die »Leipziger Teilung« zum Beginn einer außergewöhnlichen militärischen Karriere. Als Reichsfeldherr zog er 1487 gegen den ungarischen König Matthias Corvinus. Ab 1488 kämpfte er für die Habsburger in Flandern und den Niederlanden und sicherte in zähen, langjährigen Feldzügen die dortigen habsburgischen Erbrechte. Für die in habsburgischen Diensten aufgelaufenen Schulden des Kaiserhauses erhielt Herzog Albrecht 1498 Friesland. Dort schlug er 1500 einen Aufstand gegen die sächsische Herrschaft nieder, erkrankte aber bei der Belagerung von Groningen und starb am 12. September 1500 in Emden.

Die Stadt Grimma hat sich an Albrecht den Beherzten als einen der berühmteren Söhne der Stadt später in bemerkenswerter Weise erinnert. Nach der Teilung 1815 rang das auf ein Drittel seiner ursprünglichen Größe verkleinerte Sachsen um neue Identität. Die Wettiner rückten dabei ins Zentrum einer sächsisch-patriotischen Erinnerungskultur. Grimma setzte hier einen Meilenstein, denn schon 1843 richtete man im Gedenken an den 400. Geburtstag Herzog Albrechts auf Schloss Grimma eine offizielle Gedenkveranstaltung aus und damit eine der frühesten albertinischen Jubiläumsfeiern.   ●

▶ **DR. ANDRÉ THIEME**
  ist Historiker und arbeitet als Leiter Museen bei der Staatlichen Schlösser, Burgen und Gärten Sachsen gGmbH.

Katharina von Bora und Grimma

Kindheit und Jugend im Kloster

—

VON SABINE KRAMER

W er die Stadt Grimma über die Straße in Richtung Süden verlässt, den begleitet die Mulde auf seiner Fahrt aus der Stadt. Es war der Fluss, der das fruchtbare Tal und seine Auen geschaffen hat, in denen das ehemalige Kloster Nimbschen seit jeher liegt. Auf dem kurzen Weg vom Stadtrand bis zu den Klosterruinen kann man noch erahnen, wie diese Gegend um Nimbschen für seine Klosterinsassen reichlich Nahrung lieferte. Die Felder, Wiesen, der Wald, ein Fischweiher, der Obstgarten und das große Klostergut ernährten einst den Konvent der Zisterzienserinnen, in dem auch Katharina von Bora, die spätere Gattin Martin Luthers, lebte. Hält man bei der Anfahrt von Grimma Ausschau nach den Klostermauern, so bietet sich neuerdings ein anderes Bild: Das Kloster Nimbschen stellt heute eine stattliche Hotelanlage dar, mit Konferenzzentrum, Kulturscheune, Gästehäusern und neu errichteter Kapelle.

In diesem weitläufigen Ensemble erinnern nur noch wenige bauliche Reste an die einstmals bedeutende Klosteranlage. Sichtbar geblieben sind der Giebel und Mauern des östlichen Klausurgebäudes mit dem Kapitelsaal, dem Speisesaal im unteren Geschoss und dem Dormitorium, dem Schlafsaal, in der oberen Etage, eine Brunnenanlage im südwestlichen Klosterbereich und Mauerreste eines weiteren Gebäudes. Verschwunden dagegen sind die Klosterkirche, der Kreuzgang, das südliche Konventsgebäude, Räume für die Laien, Wirtschaftsgebäude, die Pforte und das Torhaus.

Dass die Klosterruine überhaupt erhalten ist, verdankt sich der Erinnerung an ihre berühmteste Nonne, Katharina von Bora. Vor allem die spektakuläre Flucht der späteren Ehefrau Martin Luthers und weiterer acht Nonnen ist im öffentlichen Bewusstsein mit dem Kloster bei Grimma verbunden. In der Nacht zum Ostersonntag 1523 floh Katharina von Bora über Grimma und Torgau nach Wittenberg. Zu diesem Zeitpunkt hatte

sie über 14 Jahre in Nimbschen gelebt und davor bereits über vier Jahre im Kloster Brehna bei Bitterfeld, in das Katharina als Fünfjährige gekommen war.

Man könnte meinen, Katharinas Klosteralltag sei düster gewesen und das habe sie zur Flucht veranlasst. Die Gedenktafel in der Nimbschener Ruine legt das nahe, nach ihren Worten wurde Katharina von Bora durch die Klosterflucht *befreit*. Doch dem Alltag Katharinas dürfte man damit nicht gerecht werden.

Zwar verlief das Leben im Orden der Zisterzienserinnen bei Nimbschen im frühen 16. Jahrhundert nach strengen Regeln, andererseits ermöglichte es den Nonnen vieles, was sie in einer Jugend außerhalb des Klosters nicht bekommen hätten. Der Klosteralltag war von der Klausur, dem Leben innerhalb der Klostermauern, bestimmt und damit eine Welt für sich. Stundengebete gaben dem Tag einen strengen Rhythmus. Sieben Gebetszeiten, Schweigezeiten, Essenszeiten und Lesezeiten wechselten sich ab. Doch war das Kloster auch eine Versorgungs- und Bildungsanstalt für Mädchen. Es bot ihnen Erziehung und Bildung in Lesen, Schreiben, Singen, Handarbeiten und das Erlangen von Bibelkenntnissen sowie ein intensives Einüben ins Gebet. Für Katharina von Bora

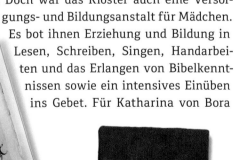

▶
Eine Schmähschrift, die 1749 in Landsberg erschien. In dem Episoden-Roman wird nicht nur die Rechtmäßigkeit der Ehe mit Luther angezweifelt, sondern Katharina u. a. auch Hochmut vorgeworfen

◀ S. 52 oben:
oben: »Die Lutherin« – Ölgemälde von 1528 aus der Werkstatt von Lucas Cranach d. Ä.

▼ S. 52 unten:
Rechnungsbuch des Klosters Nimbschen: 1515 bezahlte Hans von Bora 30 Groschen für die Einsegnung seiner Tochter. Daneben sind 30 Groschen aus den Münzstätten Annaberg und Freiberg (1507–1525) zu sehen

kam hinzu, dass sie im Kloster Nimbschen auf Verwandte traf. Ende 1508 oder 1509 war Margarethe von Haubitz, eine Verwandte Katharinas mütterlicherseits, zur Äbtissin gewählt worden. Sie galt nicht als streng, und es lässt sich vermuten, dass sie liebevoll gegenüber Katharina war. Im Rechnungsbuch des Klosters von 1509/1510 ist Katharina von Bora als die 43. und damit als eine der Letzten verzeichnet, die in den Konvent aufgenommen wurden. Zudem lebte Katharinas Tante Magdalena von Bora schon lange als Nonne in Nimbschen. Dass die spätere Lutherin aus dem Kloster Brehna nach Nimbschen wechselte, könnte darin begründet sein. 1515 legte Katharina von Bora nach einem Jahr Noviziat im Kloster »Marienthron« die Ordensgelübde ab. Damit wurde sie, die von nun an als eine Braut Christi galt, als 16-Jährige dem Nonnenkonvent auf Lebenszeit übergeben. Ihre Familie zahlte anlässlich von Katharinas Ordensgelübde die geringe Summe von 30 Groschen, woraus vermutet werden kann, dass ihr Vater in bescheidenen finanziellen Verhältnissen lebte. Mit diesem endgültigen Übergabeakt endeten die Verpflichtungen der Eltern. Ein Klosteraustritt, eine Rückkehr zur Familie oder die Rückgabe der Mitgift waren nicht vorgesehen.

Das Kloster »Marienthron« besaß umfangreichen Landbesitz um Torgau und Nimbschen. Was aus diesem zum Lebensunterhalt der Klosterinsassen nicht gewonnen werden konnte, musste angeliefert werden, beispielsweise durch den Torgauer Handelsherrn und späteren Fluchthelfer Leonhard Koppe. Er versorgte das Kloster mit Waren und Lebensmitteln, unter anderem mit Fisch, der während der ausgedehnten Fastenzeiten vor Ostern und im Advent an Stelle von Fleisch gebraucht wurde. Das meiste jedoch produzierte der Klosterbetrieb selbst. Wie ein Kloster wirtschaftlich funktionierte, wie viele Waren und welche landwirtschaftlichen Arbeiten wann nötig wurden, um die gesamte Klosterbelegschaft zu verköstigen, erlebte Katharina von Bora in Nimbschen. Ihr Wissen konnte sie später im Lutherhaus, das sie selbst zu einem großen Hauswesen entwickelte, anwenden. Katharinas wirtschaftliche Fähigkeiten wurden von Luther selbst durchaus gerühmt. So gelang es ihr,

nach ihrer Hochzeit 1525, das Lutherhaus nicht nur als Wohnstätte der Familie, sondern auch als Studentenwohnhaus und Herberge für Glaubensflüchtlinge, Gäste, Pflegekinder sowie Verwandte zu betreiben. Zweimal täglich wurden im Lutherhaus unter Katharinas Leitung rund 50 Personen verköstigt.

Was die spätere Lutherin und ihre Mitschwestern tatsächlich bewegte, aus Nimbschen zu fliehen und ihre sichere Existenz zugunsten einer völlig unabsehbaren Zukunft zu verlassen, lässt sich nur vermuten, denn die genauen Hintergründe und Umstände der Flucht sind nicht bekannt. Martin Luthers Kritik am mönchischen Ideal, das er 1521 in seinem Gutachten über die Mönchsgelübde dargelegt hatte, war vermutlich über das Augustinerkloster in Grimma unter den Nimbschener Nonnen bekannt geworden. In seiner Schrift betonte er, dass ein Ablegen der Gelübde vor Gott nur freiwillig, nicht aber gegen den Willen bzw. die bewusste Entscheidung eines erwachsenen Menschen erfolgen könne.

Nachdem Katharina von Bora und weitere acht Nonnen am Dienstag nach Ostern 1523 in Wittenberg angekommen waren, verteidigte Luther umgehend ihre Tat und veröffentlichte ihre Namen. Mit der Flucht aus Nimbschen begann das Ende vieler Frauenklöster, zunehmend flohen nach 1523 nun auch Nonnen aus ihren Konventen. Ihr Fluchtweg führte Katharina von Bora zuerst nach Grimma. Die Legende erzählt vom Versteck der Nonnen in Heringsfässern auf dem Planwagen des Fluchthelfers Leonhard Koppe. Dass Katharina Grimma so erreicht habe, mag man sich nicht vorstellen. Doch dass Grimma für sie die erste Station auf ihrem Weg in ein neues Leben und an die Seite Martin Luthers war, das bleibt unbestritten – mit oder ohne Heringstonnen. ●

▶ DR. SABINE KRAMER
ist Kirchenhistorikerin und als geschäftsführende Pfarrerin an der Marktkirche zu Halle tätig.

Johann und Magdalena von Staupitz

Beichtvater und Seelsorger des jungen Martin Luther

VON HEIKO JADATZ

Die jetzige Landesschule zu Grimma.

links: Lithographie des 1828 eingeweihten Schulneubaus. Links davon ist neben der Klosterkirche die Mädchenschule zu erkennen, das heutige Kreismuseum

rechts: Innenraum der Zschoppacher Kirche mit Blick zur Orgel

Johann von Staupitz galt zu Beginn des 16. Jahrhunderts als einer der bedeutendsten deutschen Theologen. Als Ordensangehöriger der Augustiner-Eremiten wurde er 1503 zum Generalvikar gewählt und mit der Reform des Ordens beauftragt. Staupitz hatte zuvor in Köln und Leipzig studiert und 1498 als Baccalaureus biblicus seine Lehrtätigkeit an der Universität Tübingen aufgenommen. Martin Luther und Johann von Staupitz begegneten sich als Ordensbrüder erstmals 1506 in Erfurt. Staupitz wurde zum persönlichen Beichtvater Luthers und förderte ihn als Geistlichen und Theologen. Darüber hinaus aber war er besonders in den ersten Jahren für den jungen, unerfahrenen Mönch ein wichtiger Seelsorger.

So sagte Luther auch noch wenige Jahre vor seinem Tod über ihn: »Und wo mihr D. Staupitz, oder viel mehr Gott durch Doctor Staupitz, nicht aus meinen anfechtungen heraus geholffen hette, so were ich darinnen ersoffen vndt langst in der helle.«

Es überrascht daher nicht, dass es Staupitz war, der Luther den Weg zur Wittenberger Universität bahnte und ihn 1508 dort für das Theologiestudium empfahl. Gerade weil Staupitz durch sein Amt als Generalvikar zunehmend in Anspruch genommen

wurde, ließ er sich ab 1512 von Luther in Wittenberg als Professor für biblische Theologie vertreten. In dieser Entscheidung liegen die Wurzeln für Luthers theologisches Arbeiten und letztlich für die Wittenberger Reformation. Johann von Staupitz selbst wurde kein lutherischer Theologe, sondern blieb der römischen Kirche treu. Er war dennoch durchaus mit Luther verbunden und setzte sich immer für ihn ein.

In seinen letzten Lebensjahren wurde Staupitz durch den Erzbischof Matthäus Lang zum Domprediger in Salzburg berufen. Schließlich wählte man ihn zum Abt der Benediktinerabtei St. Peter. Im Dezember 1524 starb er auf einer Visitationsreise in der Nähe von Passau.

Mit der Region Grimma war Staupitz in besonderer Weise verbunden. Die Familie von Staupitz war im 15. und 16. Jahrhundert Besitzer des Rittergutes Motterwitz bei Zschoppach. Hier wurde Johann von Staupitz um 1465 geboren. In seiner Kindheit erhielt er eine Schulausbildung auf dem Grimmaer Schloss. Zwei Dinge haben ihn dabei für seinen weiteren Weg geprägt: *erstens* das persönliche Verhältnis zum späteren sächsischen Kurfürsten Friedrich dem Weisen, der ebenfalls in Grimma unterrichtet wurde und der Staupitz 1503 als Theologieprofessor

nach Wittenberg berief; *zweitens* die frühe Bindung an den Orden der Augustiner-Eremiten, dem er 1490 in München selbst beitrat.

In Grimma hat sich Staupitz später in seiner Funktion als Generalvikar mehrfach aufgehalten, so zu einer Visitation im Mai 1516 gemeinsam mit Martin Luther und Wenzeslaus Linck. Dabei soll Luther in einer Predigt dem päpstlichen Ablasshandel bereits den theologischen Kampf angesagt haben.

....

Magdalena von Staupitz
Nimbschener Zisterziensernonne und Schulmeisterin in Grimma

....

In einem Visitationsbericht von 1529 ist Magdalena von Staupitz als Schwester des Johann von Staupitz genannt. Sie wurde 1501 Zisterziensernonne im Kloster Nimbschen. In einer Urkunde wird für ihren Klostereintritt festgelegt, dass Gunther von Staupitz auf Motterwitz jährlich zwei Schock Groschen für seine Schwester Magdalena an das Kloster zahlen soll. In einer Konventsliste des Klosters von 1509 wird sie als »Lene Stawbitz« erwähnt.

Einer anderen Angabe zufolge ist sie im Kloster Organistin und Sangmeisterin gewesen. Sie gehört neben Katharina von Bora zu den Nonnen, die 1523 aus dem Kloster flohen.

Magdalena von Staupitz blieb nach ihrer Flucht zunächst in Wittenberg. Georg Spalatin riet Nikolaus von Amsdorf (1483–1565) zur Ehe mit Magdalena von Staupitz. In seinem Brief verweist Spalatin auf ihr höheres Alter und stellt es Amsdorf frei, sich auch eine jüngere unter den Nonnen auszuwählen.

Mit Unterstützung von Justus Jonas wurde sie 1529 zur Schulmeisterin der neu eingerichteten Mädchenschule in Grimma berufen. Die Stelle war mit zehn Gulden Jahreseinkommen eher schlecht bezahlt. So schrieb sie 1534 in einem Beschwerdebrief an Georg Spalatin, dass das Geld gerade mal für das nötige Feuerholz reiche. Immerhin erhielt sie neben ihrem Einkommen als Schulmeisterin jährlich zwölf Gulden aus dem Nimbschener Klostervermögen als Entschädigung für ihre Mitgift. Magdalena von Staupitz hat im hohen Alter noch geheiratet. 1537 wird sie als Ehefrau des Grimmaer Bürgers Tiburcius Geuder erwähnt. •

Die Kirche zu Zschoppach, erbaut 1833. In der ehemaligen Rittergutsbetstube der Kirche wird heute an Johann von Staupitz erinnert, der im Vorgängerbau getauft wurde

Ein Ausweichort für bedrängte Leipziger Drucker

*Der frühreformatorische Buchdruck
im ernestinischen Grimma*

—

VON THOMAS FUCHS

VERBVM DOMINI MANET IN ÆTERNVM.
Das wort Gottes bleibt ewiglich.

Von Gottes gnaden Johannes Friedrich: Hertzog zu Sachssen: Des heiligen Römischen Reichs Ertzmarschalh vnd Churfürst: Landgraff in Döringen: Marggraff zu Meissen: vnd Burggraff zu Magdeburg.

Kurfürst Johann Friedrich mit Kurschwert und der berühmten Devise, welche die ernstinischen Kurfürsten seit 1522 führten: »Schutzmarke« und zugleich Originalnachweis von Bibeldrucken

Buchdruck und Reformation wird eine geradezu symbiotische Beziehung nachgesagt. Ohne Buchdruck keine Reformation, heißt hierzu das Schlagwort. Unbestritten ist, dass viele zentrale Prozesse der Reformationszeit durch Bücher angestoßen wurden, an erster Stelle durch die Schriften Luthers im Ablassstreit, seine sogenannten reformatorischen Hauptschriften von 1520, aber auch durch Texte wie die Zwölf Artikel der Bauernschaft, die die aufrührerische Botschaft in den deutschsprachigen Ländern verbreiteten und den Bauernkrieg anheizten. In einer langen historischen Perspektive ist die Bibelübersetzung Luthers das wichtigste Buch des 16. Jahrhunderts.

Das Zentrum des gesamten Buchwesens, nämlich Produktion und Handel, lag im mitteldeutschen Raum Leipzig. Als Messestadt mit einer bedeutenden Universität und weiteren Bildungseinrichtungen wie der Thomasschule bot sie dem Buchgewerbe ideale Bedingungen. Die Reformationsdrucker in Wittenberg bezogen ihr Papier aus Leipzig, in Leipzig konnten Bücher aus Italien erworben werden, dem führenden Buchproduktionsland des 15. und frühen 16. Jahrhunderts. In der Pleißestadt waren leistungsfähige Druckereien beheimatet, die die lokale und regionale Kundschaft bedienten, und Buchbindereien, Rubrikatoren und Illustratoren machten aus dem nackten Buchblock ein schönes Buch.

Die Herrlichkeit des Leipziger Buchgewerbes erlitt einen mächtigen Rückschlag durch die antireformatorische Politik Herzog Georgs. In den Anfangsjahren durchaus mit Sympathien für den Wittenberger Reformator, wandelte sich der Herzog nach der Verurteilung Luthers durch den Papst und durch das Wormser Edikt 1521 zu einem entschiedenen Gegner der Reformation. Den Höhepunkt seiner antireformatorischen Politik bildete die Hinrichtung des Nürnberger Buchführers Hans Hergot am 20. Mai 1527 auf dem Leipziger Marktplatz. Spätestens seit dieser Zeit führte das Leipziger Buchgewerbe nur noch ein Schattendasein. Die Bücher, die sich am besten verkauften, nämlich die Werke Luthers und seiner Mitstreiter, konnten sie nicht mehr herstellen, und die Bücher der römisch-katholischen Autoren waren im besten Falle Ladenhüter.

Zu Beginn der antireformatorischen Politik Herzog Georgs suchten die Leipziger Druckerherren verschiedene Auswege aus dieser vertrackten Situation. Die Lottersche Firma siedelte mit einem Unternehmenszweig nach Wittenberg über und verringerte die Produktionszahlen in Leipzig deutlich. Einen ähnlichen Weg ging Valentin Schumann. Mit seinem Typenmaterial druckte Nikolaus Widemar 1522 bis 1523 in Grimma. Da Grimma auf kurfürstlich-sächsischem Gebiet lag, konnten hier gefahrlos die Werke Luthers und anderer Reformatoren gedruckt werden. Zwar sind außer den in Grimma gedruckten Büchern kaum weitere Nachrichten über die Druckgeschichte Grimmas bekannt, aber wahrscheinlich fungierte Widemar als Faktor, d. h. als Geschäftsführer, für eine Niederlassung Schumanns. 1523 versuchte Valentin Schumann vergeblich, sich in Wittenberg niederzulassen. An seine Stelle trat ein anderer Leipziger Drucker, nämlich Wolfgang Stöckel. 1523 druckte Widemar mit Typen Stöckels. Endgültig trennten sich die Wege Widemars und Schumanns, als Letzterer als Faktor der Privatpresse von Hieronymus Emser, der sich schriftstellerisch gegen Luther und die reformatorische Bewegung engagierte, nach Dresden umsiedelte. Widemar verließ Grimma 1523 Richtung Eilenburg und errichtete dort eine Druckerei, in der er mit Schumanns und Stöckels Typenmaterial weiterproduzierte. 1524 schließlich wurden mit Widemars Typenmaterial zwei Werke Thomas Müntzers hergestellt.

Nach nur zwei Jahren endete die Druckgeschichte Grimmas im 16. Jahrhundert. Erst ab 1681 siedelte mit Wolfgang Christoph Kramer wieder ein

Drucker in der Stadt. Über die Gründe, warum sich in Grimma keine Druckerei etablieren konnte, kann nur spekuliert werden, aber unter den allgemeinen Bedingungen des Buchgewerbes waren Grimma und sein Umland ein zu kleiner Wirtschaftsraum, um eine Offizin gewinnbringend betreiben zu können. Am überregionalen Buchhandel teilzunehmen, war ebenfalls schwierig, trieb doch der dafür notwendige Transport in das nächste Zentrum, insbesondere nach Wittenberg die Kosten in die Höhe. Leipzig fiel für lutherische Schriften zunehmend aus. Aus diesem Grund konzentrierten sich viele Druckereien auch an regionalen und verkehrsgünstig gelegenen Zentren wie Köln, Frankfurt am Main, Leipzig, Straßburg oder Nürnberg.

Insgesamt wurden in den beiden Jahren der frühen Grimmaschen Druckgeschichte zwölf Bücher hergestellt. 1522 erschienen fünf Bücher mit dem Typenmaterial von Schumann und 1523 zwei weitere, während mit den Typen aus der Werkstatt Stöckels 1523 sieben Bücher hergestellt wurden. Dabei handelte es sich fast durchweg um wenig umfangreiche Flugschriften. Elf Drucke zusammen umfassten zusammen nur 141 Blätter. Nur ein Buch, ein deutschen Neues Testament von 1523, war umfangreich mit 425 Blättern.

Alle in Grimma gedruckten Bücher waren reformatorische Schriften. Luther ist mit drei Werken vertreten. Hinzu kommen drei Teilübersetzungen der Bibel aus Luthers Feder, das schon erwähnte Neue Testament sowie die Übersetzung des Römerbriefes und des Galaterbriefes. Vertreten sind weiterhin Johann Eberlin mit einer Schrift gegen die Fehlinterpretation von Luthers Gedanken der christlichen Freiheit sowie Wenzeslaus Linck, einer der frühesten Mitstreiter Luthers und ebenfalls Augustiner-Eremit, mit Verteidigungsschriften der evangelischen Botschaft.

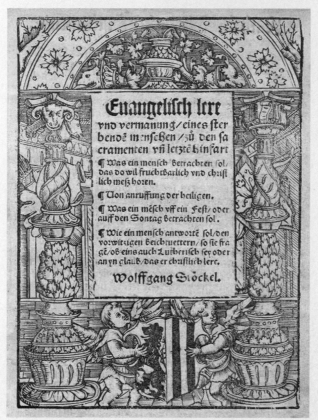

oben: Das Signet der Offizin von Valentin Schumann

unten: Anonyme reformatorische Erbauungsschrift von 1522. Die Offizin von Wolfgang Stöckel verwendet als Druckersignet das Wappen Leipzigs

▲
Herzog Georg der Bärtige (1471–1539), Gemälde von Hans Krell um 1551/1552. Der altgläubige Albertiner war einer der entschiedensten Gegner der Reformation. Deswegen wurde auch Grimma für kurze Zeit zum Druckort von reformatorischen Schriften, da dies in Leipzig bis zum Tode des Herzogs unmöglich war

Besondere Erwähnung verdienen die drei mit dem Typenmaterial Stöckels gedruckten Flugschriften von Georg Schönichen, Schuhmacher in Eilenburg, in denen er den Dresdner Kaplan Wolfgang Wulffer und Vertreter der Leipziger Universität angriff. Schönichen ist der einzige bekannte Handwerker in Mitteldeutschland, der sich schriftstellerisch für Luther engagierte. Die kurze Tätigkeit der Druckerei in Grimma nutzte der Handwerker für seine Publikationen, die ansonsten wohl nicht erschienen wären. Schon deswegen besitzt Grimma eine bemerkenswerte Stellung in der reformatorischen Druckgeschichte. ●

▶ **PROF. DR. THOMAS FUCHS**
ist Professor am Historischen Institut der Universität Leipzig und arbeitet als Leiter des Bereiches Sondersammlungen der Universitätsbibliothek Leipzig.

Legenden und Gelehrtes

Luther & Katharina
Lebensbilder in Zinn im Grimmaer Stadtgut

VON KLAUS MÖSER

Nahe der Frauenkirche befindet sich am Leipziger Platz das Stadtgut Grimma. Dieses nach dem Hochwasser 2002 gerettete und seit 2005 der Öffentlichkeit zugängliche Kleinod gehört mit seinem mittelalterlichen Wohnturm zu den ältesten Gebäudekomplexen der Stadt. Heute befinden sich hier die Domizile von zwei Vereinen, des Geschichts- und Altertumsvereins zu Grimma und der Urania. Erstgenannter Verein präsentiert zeitweise die Ausstellung »Luther und Katharina – Lebensbilder in Zinn«.

Die Exposition wirft Schlaglichter auf das Leben von Martin Luther. Und natürlich darf in Grimma, ganz in Nähe des Klosters Nimbschen, die spätere Lutherin, Katharina von Bora, nicht fehlen. Vereinsmitglied Klaus Möser schuf über 20 Dioramen, die beider Lebenswege veranschaulichen. Zu sehen sind u. a. die Schaubilder »Luthers Eintritt ins Kloster«, »Thesenanschlag«, »Leipziger Disputation«, »Verbrennung der päpstlichen Bannandrohungsbulle«, »Reichstag zu Worms«, aber auch »Wartburgaufenthalt«, »Die Non-

nenflucht«, »Luthers Hochzeit«, »Tischgespräche« und das Wirken der Lutherin in Wittenberg. Mit den Schaubildern soll bei Jung und Alt Interesse für diese spannende Zeit vor 500 Jahren geweckt werden.

Alle Ereignisse sind historisch möglichst genau dargestellt, lassen aber auch zeitgenössische Abbildungen und Bilder der Lutherverehrung und -würdigung späterer Jahrhunderte einfließen, die ja unser heutiges Lutherbild prägen.

Der Geschichts- und Altertumsverein zu Grimma e. V.

VON RUDOLF PRIEMER

Im Zuge des erwachenden nationalen und allgemeinen geschichtlichen Interesses bildeten sich in allen deutschen Ländern ab dem frühen 19. Jahrhundert vaterländische Altertums- und Geschichtsvereine. In Grimma selbst fand im Jahre 1900 in der Husaren-Reithalle nahe dem heutigen Krankenhaus eine Altertumsausstellung statt. Sie zog nicht nur sehr viele Interessierte an, sondern

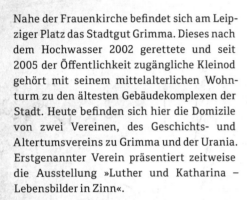

Die Restaurierung des Betsaals in St Augustin
Kommerzienrat Max Schroeder
Ein altes Steinkreuz in der Grimmaer Flur
Die Besiedelung des Ortsteiles Waldbardau
Die Restaurierung des Pavillons im Göschenhauspark

führte auch dazu, dass 1901 der Geschichts- und Altertumsverein zu Grimma gegründet wurde. Hier kamen Interessierte mit sehr unterschiedlichen Neigungen und Absichten zusammen, führten verschiedene Exkursionen durch und publizierten ihre Erkenntnisse,

etwa in der »Grimmaer Pflege«, der Beilage der »Bodeschen Grimmaer Zeitung«, die bis zum Ende des Krieges erschien. Aus vielen Geschenken gingen die Sammlungen des Vereines hervor, die man in der ehemaligen Mädchenschule ausstellte. Dort entstand schließlich das Kreismuseum. In »Vogels Ballhaus« wurde am 8. April 1992 der neue Verein mit dem alten Namen wieder belebt. Er hat sich vorgenommen, im erklärten alten Sinne weiter zu arbeiten, aber mit deutlichem Bemühen, in der Öffentlichkeit zu wirken und im Alltag ein Bewusstsein für historische Momente zu schaffen.

Der Schuh der Katharina von Bora

VON MARITA PESENECKER

Dieser Schuh, der lange Zeit wie eine Reliquie verehrt wurde, befand sich bis Anfang des 20. Jahrhunderts im Gastraum der Klosterschänke in Nimbschen. Er wurde in jedem Wanderführer erwähnt. Der Gastwirt wusste zu berichten, dass Katharina von Bora ihn bei ihrer spektakulären Flucht aus dem Kloster Nimbschen im Jahre 1523 verlor. Allein, die für das Schuhwerk einer Nonne etwas zu prätentiöse Form des Pantöffelchens lässt da zumindest leise Zweifel aufkommen. Unbestrittene Tatsache aber ist, dass dieser Schuh mit seiner Legende dem Wirt der Klosterschänke viele Besucher und reichen Umsatz bescherte.

Das Lutherfestspiel

VON MARITA PESENECKER

Vom 18. Januar bis zum 5. Februar 1894 fanden im Grimmaer Schützenhaus mehrere Aufführungen des Herrigschen Lutherfestspiels statt. Hans Herrig (1845–1892) war seit 1872 Redakteur des Feuilletons beim Deutschen Tageblatt und begann daneben, als Schriftsteller Stücke für das Theater zu veröffentlichen. Angeregt durch das große Lutherjubiläum 1883, den 400. Geburtstag des Reformators, schrieb Herrig 1886 das Theaterstück »Lutherfestspiel«. Das Stück wurde in sehr vielen deutschen Städten mit großem Erfolg aufgeführt.

Auch die Stadt Grimma fasste 1893 den Entschluss, ein Lutherfestspiel im Schützenhaussaal zu veranstalten. Aufgrund der großen Nachfrage wurde das Stück schließlich 13 Mal gespielt. Der Saal fasste immerhin rund 700 Zuschauer. Die Laienschauspieler rekrutierten sich aus den Bürgern der Stadt. Meist waren es Lehrer der hiesigen Fürsten-, Bürger- und Realschule. Auch die beiden Schulchöre aus der Bürgerschule und dem Lehrerseminar traten auf.

Insgesamt waren 120 Personen an der Vorbereitung und den Aufführungen des Lutherfestspiels beteiligt, die ein voller Erfolg waren. Rund 10.000 Menschen besuchten die Aufführungen.

Das Stadtgut

VON RUDOLF PRIEMER

Wie überall, so lebten auch in Grimma bis in die Mitte des 19. Jahrhunderts sogenannte »Ackerbürger«, Bauern, die ihre stadtnahen Felder bewirtschafteten und dabei selbst anerkannte Bürger waren. Nur ihre Scheunen lagen Giebel an Giebel der Brandgefahr wegen außerhalb der ummauerten Stadt, so an den Kellerhäusern und in der Wiesenstraße. Die Erzeugnisse dieser Bauern verkauften sich leicht als frische Ware, dafür nahmen sie die Unbequemlichkeit mit den entlegenen Scheunen hin. Ihre Wohnhäuser fügten sich in die geschlossenen Straßenfronten ein, an den hohen Toreinfahrten sind die Höfe der Ackerbürger zu erkennen. Erst im vorletzten Jahrhundert wurden sie aus den Zentren der Städte verdrängt.

Der Abendmahlskelch aus dem ehemaligen Kloster St. Augustin

VON MARITA PESENECKER

Um den Kelch rankt sich eine Anfang des 18. Jahrhunderts entstandene Sage. Danach fand Adam Siber, der erste Rektor der Landesschule von 1550 bis 1584, einen unterirdischen Gang, der in gemeinsamer Arbeit von Nimbschener Nonnen und Grimmaer Mönchen gegraben von der Schule zum Kloster Nimbschen führen sollte. Bei der Erkundung des Ganges traf Siber auf zechende Mönche. Einer der geheimnisvollen Mönche gab ihm zu verstehen, dass er umkehren solle, um die Toten ruhen zu lassen. Zur Mahnung und um seinen Worten Nachdruck zu verleihen, übergab er Siber den Kelch und hinderte ihn am Weitergehen. Der Rektor zog sich rasch zurück. Hinter ihm brach der Gang zusammen!

Dieser auf 1519 datierte silbervergoldete Kelch wurde bis ins 20. Jahrhundert zweimal im Jahr zu den Abendmahlsfeiern der Angehörigen der Landesschule am Sonntag Exaudi und zum Reformationsfest benutzt.

KIRCHEN DER STADT

Mit ihren zwei Türmen überragt die Frauenkirche die alte Oberstadt Grimmas und ist längst zum Zeichen für ein vielfältiges Gemeindeleben geworden. Aber auch andere Kirchen sind im Innenstadtbereich zu finden, wie die heute als »Kulturkirche« genutzte Klosterkirche, die Friedhofskirche oder die katholische St. Trinitatis-Kirche. Erinnert wird ebenso an die 1888 abgebrochene Nikolaikirche, in der Luther einst predigte.

Das kirchliche Leben in Grimma

Gestern und heute

VON TORSTEN MERKEL UND HELMUT BERTHOLD

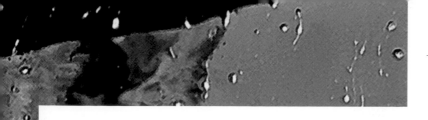

Altarraum der Frauen-
kirche mit Renaissance-
Taufstein und dem
gotischen Flügelaltar

Im Jahr 1218 ließ Markgraf Dietrich der Bedrängte den Bau einer Kapelle beginnen, die dem heiligen Oswald geweiht wurde. Dafür verhandelte man mit dem Pfarrer des nahegelegenen Pardau (Großbardau), der dem Bau schließlich zustimmte und für entgangene Einnahmen finanziell entschädigt wurde. Damit beginnt eigentlich das kirchliche Leben der von den wettinischen Markgrafen um 1170 gegründeten Stadt Grimma. Der Nachfolger Markgraf Dietrichs, Heinrich der Erlauchte, übertrug die Gottesdienste den Zisterziensermönchen des Klosters Alt-Zella. Diese sah man gern in Grimma, eroberten und sicherten sie doch das Land. Gleichzeitig zogen sie verschiedene Handwerker nach Grimma. Das lässt sich an einigen Straßennamen heute noch ablesen: Tuchmachergasse, Baderplan, Weberstraße.

Auch die Augustiner erhielten schließlich Gelegenheit, sich in Grimma anzusiedeln. Sie durften ebenfalls in der Oswald-Kapelle Messen lesen. Später begannen sie zu predigen, was damals etwas Besonderes war. Einen eigenen Kloster- und Kirchenbau begannen die Augustiner-Eremiten um 1300. Die Bischöfe erhofften von den Predigtmönchen vor allem, »dass sie die wankende Kirche mit dem Dienste der Predigt des göttlichen Wortes stützen würden.« Aber Hochwasser und Brände machten auch dieser Kirche immer wieder schwer zu schaffen. Dazu kam, dass die Akustik des Kirchenraumes schwierig war. Martin Luther, der in dieser Kirche mehrfach gepredigt hat, nannte sie wegen der Deckenhöhe und der damit verbundenen Anstrengung beim Reden einen »Brustbrecher«. Das Augustiner-Eremitenkloster bestand bis 1529. Kurfürst Moritz von Sachsen gründete hier im Jahr 1550 die dritte der berühmten sächsischen Landesschulen.

Das kirchliche Leben in Grimma zeichnete sich durch eine rege Bautätigkeit aus. Es gab eine Reihe von Kapellen und sogenannte Termineien, die den Bettelorden (Franziskaner und Dominikaner) als Unterkunft und als Aufbewahrungsort für ihre Gaben und Spenden dienten. Um 1250 kamen von Torgau die Zisterzienserinnen nach Grimma und gründeten ein bis heute erhaltenes Hospital am Baderplan, welches der heiligen Elisabeth von Thüringen gewidmet war. Bereits 1270 fanden die Nonnen im nahen Nimbschen ein neues Zuhause und errichteten dort ihre Klosteranlagen.

Martin Luther visitierte im Mai 1516 gemeinsam mit dem Generalvikar der Augustiner-Eremiten, Johann von Staupitz, und Wenzeslaus Linck aus Colditz in Grimma das Kloster. Auch nach der berühmten Leipziger Disputation mit Johann Eck hielt sich Luther im Juli 1519 für einige Tage hier auf. Dafür hatte sich der Grimmaer Schlosshauptmann Hans von der Planitz eingesetzt, was Luther in einem Bericht an den Kurfürsten lobend erwähnte.

Von 1509 bis 1527 war Johannes Gareysen der für Grimma zuständige Geistliche. Er predigte bereits 1521 das Evangelium in deutscher Sprache. Es ist auch das Jahr, in dem Philipp Melanchthon das erste Mal in Grimma weilte. Er sollte sich viele Jahre später immer wieder sehr wohlwollend über unsere Stadt äußern.

Der ehemalige Augustinermönch Johann Schreiner wurde 1522 Diakonus an der Seite des Pfarrers Johannes Gareysen. Beide führten in Grimma die Reformation maßvoll ein. Im selben Jahr wurde im ernestinischen Grimma eine der ersten Ausgaben der Übersetzung des Neuen Testamentes von Martin Luther gedruckt. Das war im albertinischen Sachsen, wozu Leipzig gehörte, wegen des »Wormser Ediktes« strikt verboten. Die Reformation konnte in diesem Teil Sachsens erst nach dem Tod von Herzog Georg dem Bärtigen im Jahr 1539 eingeführt werden. In Grimma dagegen reichte man den Gläubigen beim Abendmahl den Kelch. Die beiden Grimmaer Geistlichen heirateten im Jahr 1524 und folgen damit Luthers Ideen. Johann Schreiner wurde 1529 zum ersten Superintendenten in Grimma berufen. Rund 500 Jahre später, 2008, wurde die Superintendentur nach Borna verlegt. ●

Erste Sonnenstrahlen
erreichen das Innere der
Klosterkirche

▼
Detail an der Außen-
fassade der Klosterkirche

Sehr viel Mut bewiesen Pfarrer in Grimma während des Dreißigjährigen Krieges. Mehrfach verhinderten sie die Einäscherung der Stadt durch Gespräche mit den Generälen. Die Pest allerdings forderte viele Opfer. Bewundernswert ist, dass der Schüler Paul Gerhardt (1622–1627) zur Pestzeit in Grimma blieb, obwohl die meisten Schüler aus der Stadt flohen. 50 Jahre später fanden in Grimma die Gedanken des Pietismus Anklang. Nicht nur die Unterstützung evangelischer Christen im Ausland, sondern auch die intensive Beschäftigung mit Glauben, Lehre und Bibel hatte positive Auswirkungen auf das Leben in Grimma. Superintendent Metzler führte im Jahr 1740 erstmalig einen Gottesdienst am Karfreitag zur Sterbestunde Jesu ein.

Neben der Klosterkirche und der früheren Nikolaikirche gibt es die Stadtkirche zu »Unserer lieben Frauen«. Diese wurden der Überlieferung nach von zwei Brüdern, die Handelsherren waren, aus Dankbarkeit für ihre Rettung aus Seenot gegründet und mit zwei 46 Meter hohen Türmen versehen. Der Mutter Maria war diese frühgotische, zwischen 1230 und 1240 erbaute Pfeilerbasilika geweiht. An ihr, wie auch an der Nikolaikirche, nagte während der folgenden Jahrhunderte der Zahn der Zeit. Beide waren im 19. Jahrhundert stark sanierungsbedürftig. Während die Frauenkirche baulich erneuert werden

konnte, war es schmerzlich für die Gemeinde, dass die Nikolaikirche 1865 aufgrund der Baufälligkeit geschlossen und 1888 abgerissen wurde. Das war keine leichte Entscheidung für den Kirchenvorstand. Der sechsflügelige Nikolausaltar, ein Werk der Cranachschule, befindet sich wie auch die geretteten Glocken inzwischen in der Friedhofskirche. Der Taufstein hat seinen Platz in der Frauenkirche gefunden, die ebenso einen Flügelaltar aus einer Leipziger Werkstatt aufzuweisen hat. Viele Einbauten der neogotischen Umgestaltung von 1888 sind bis heute erhalten.

Die um 1290 errichtete Klosterkirche im ehemaligen Augustinerkloster war nach dem Zweiten Weltkrieg einsturzgefährdet. Aber in dieser Zeit gab es für die Stadt wie für die Kirchgemeinde natürlich ganz andere Aufgaben. Groß war die Zahl der Flüchtlinge. Überall wurden Wohnung und Arbeit gesucht. Dennoch fanden regelmäßig Bibelstunden statt, weil die Menschen nach Gottes Wort hungerten. Bis Anfang der 1950er Jahre kamen über 100 Mädchen und Jungen zur Konfirmation. Die Pfarrer Anacker, Wermuth und Superintendent Lehmann hatten alle Hände voll zu tun. Den staatlichen Funktionären war dies freilich ein Dorn im Auge. Schon lange vor dem Aufstand des 17. Juni 1953 wurde die Junge Gemeinde als »prowestlich« diffamiert und den Schülern das Tragen eines Kreuzzeichens verboten. Man drohte mit Schulverweisen. Kein Wunder, dass viele Familien Grimma verließen oder sich für die Jugendweihe einschrieben, um die Zukunft ihrer Kinder

Historie zur Frauenkirche

Im Jahre 1535 drohte der Frauenkirche der Abriss, da man ihre Steinquader zum Bau einer neuen Muldenbrücke verwenden wollte. Die Idee dazu hatte der damalige Grimmaer Amtshauptmann Antonius von Schönberg, da durch die Aufhebung des Augustinerklosters (1529) die Klosterkirche leerstand und zum städtischen Gottesdienst benutzt werden konnte. Immerhin gab es mit dem Abbruch der Kirche zu Eiche in der Albrechtshainer Flur – aus ihren Steinen wurde in Trebsen eine Brücke über die Mulde gebaut – bereits einen Präzedenzfall. Dieses Beispiel zeigt, dass im Zuge der Säkularisation die geistig-religiösen und kulturellen Werte gegenüber praktischen Erwägungen in den Hintergrund traten. Somit konnte auch schon einmal der Wert einer Kirche auf die Anzahl ihrer Steinquader reduziert werden. Der Kurfürst fragte in dieser Angelegenheit Georg Spalatin (1484–1545) um Rat, der daraufhin an den völlig überraschten Stadtrat von Grimma schrieb, welcher über die Abrissidee nicht in Kenntnis gesetzt worden war. Spalatin sprach sich in seinem Schreiben vom 21. April 1535 gegen die Abtragung der Frauenkirche aus, woraufhin auch der Kurfürst seine Einwilligung versagte. Auf eine Steinbrücke musste die Stadt noch mehr als zwei Jahrhunderte verzichten. Dafür erfreuen sich die Bewohner und Besucher der Stadt noch heute an dem schönen Gotteshaus.

nicht zu gefährden. So ging die Zahl der Konfirmanden erheblich zurück. Die Kirchenaustritte von Angestellten im öffentlichen Dienst, bei Lehrern und Akademikern nahmen zu. Um ihrer beruflichen Zukunft willen legte man ihnen nahe, die Kirchenmitgliedschaft aufzugeben. Erstaunlich ist, dass eine große Bevölkerungsgruppe trotz allem widerstand und sich zu Konzerten und Gottesdiensten zusammenfand. Kantor Hellmann hielt in jenen Jahren einen großen Kirchenchor am Leben.

Mit viel persönlichem Einsatz setzte die Kirchgemeinde den Innenraum der Klosterkirche wieder instand. 1975 jedoch verzichteten die katholische und die evangelische Kirchgemeinde auf eine weitere Nutzung der Klosterkirche aufgrund der massiven baulichen Mängel. Auch die Stadt war nicht in der Lage, den weiteren Verfall zu stoppen, der dann mit dem Einsturz des Daches 1989 seinen traurigen Höhepunkt erreichte. Angeregt durch die Montagsgebete in den großen Städten wurde der Ruf nach Veränderungen auch im ländlichen Raum immer stärker. Am 16. Oktober 1989 fand das erste Friedensgebet in Grimma statt. Die damals so großartige Sehnsucht nach Freiheit wird allen Beteiligten unvergesslich bleiben. Im Juli 1990 übernahm Pfarrer Rößler Verantwortung für die Stadt und wurde ehrenamtlicher Bürgermeister.

Die Veränderungen in der Bevölkerungsstruktur und die neuen Anforderungen in der Kirchgemeindearbeit führten Ende der 1990er Jahre dazu, dass die Kirchgemeinden Grimma, Döben-Höfgen, Hohnstädt-Beiersdorf und Nerchau ihre Zusammenarbeit beschlossen, um der veränderten Situation gerecht zu werden. Dabei sind die Verbindungen zwischen den ländlichen und städtischen Interessen immer wieder Aufgabe und Herausforderung zugleich. Fest aber steht: Nur im Miteinander gelingt es, den Glauben lebendig zu halten.

Höhepunkte des jetzigen Kirchgemeindelebens sind die jährlichen Gemeindefeste, die Kantatengottesdienste, Kirchenmusiken und Konzerte mit Kindern in der Advents- und Weihnachtszeit unter Leitung von Kantor Nicolaus. Jugendliche gestalten im November die Nacht der Lichter. Am 9. November beteiligt sich die Kirchgemeinde an der Aktion »Stolpersteine putzen« und erinnert damit an ein dunkles Kapitel deutscher Geschichte.

Immer am ersten Advent singen Kurrendekinder im Schein der Kerzen in der Frauenkirche. Die Kirchgemeinde unterstützt den Verein »Unu Mondo« und trägt damit zur Integration von Flüchtlingen und Asylbewerbern im Bereich Grimma bei. Gemeinsam mit vielen anderen Innenstadtbewohnern hat auch die Kirchgemeinde die Folgen der Flut in den Jahren 2002 und 2013 zu tragen. Alle kirchlichen Gebäude wurden in Mitleidenschaft gezogen und stellten unsere Gemeindearbeit vor enorme Herausforderungen. Trotzdem konnten neue Aktionen

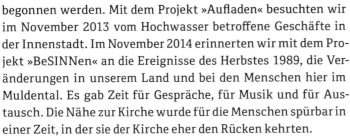

Das Lamm Gottes (»Agnus dei«) – Taufschale aus der früheren Nikolaikirche

begonnen werden. Mit dem Projekt »Aufladen« besuchten wir im November 2013 vom Hochwasser betroffene Geschäfte in der Innenstadt. Im November 2014 erinnerten wir mit dem Projekt »BeSINNen« an die Ereignisse des Herbstes 1989, die Veränderungen in unserem Land und bei den Menschen hier im Muldental. Es gab Zeit für Gespräche, für Musik und für Austausch. Die Nähe zur Kirche wurde für die Menschen spürbar in einer Zeit, in der sie der Kirche eher den Rücken kehrten.

Unsere Kirchgemeinden werden kleiner. In den jüngeren Generationen gibt es starke berufsbedingte Pendelbewegungen. Viele sind von morgens früh bis abends spät sowie am Wochenende unterwegs. Die verbleibende freie Zeit ist für die Familie reserviert. Dennoch können wir erleben, dass die Kirchgemeinden und ihre Veranstaltungen gut besucht werden. Das tröstliche Wort aus dem Römerbrief: »Nehmt einander an, wie Christus euch angenommen hat zu Gottes Lob«, ist Aufgabe und Vergewisserung auch in diesem Jahr. ●

Katholische Kirche »St. Trinitatis«

VON PFARRER GREGOR HANSEL

Zusammen mit Schulräumen und Wohnung für einen Geistlichen wurde die Kirche 1857 errichtet, nachdem bereits seit 1827 wieder katholische Gottesdienste in Grimma gefeiert wurden. Dies lag unter anderem daran, dass im 19. Jahrhundert zahlreiche katholische Handwerker nach Grimma gezogen waren. Es dauerte jedoch noch bis zum Jahr 1920, bis die Gemeinde einen eigenen Seelsorger erhielt.

Heute gehören zur Pfarrei auch die Orte Naunhof, Brandis und Parthenstein. Die Kirche selbst wurde im Laufe der Zeit mehrfach umgestaltet. Die äußere Form ist weitestgehend die alte geblieben. Im Inneren aber wurde sie erneuert und zeigt sich in einer modernen, schlichten Art. Eine veränderte Wandgestaltung erinnert an die Hochwasser von 2002 und 2013, die auch unser Gotteshaus in starkem Maße betrafen.

▶ www.trinitatis-grimma.de

▶ **Torsten Merkel**
ist Pfarramtsleiter der Evangelisch-Lutherischen Kirchgemeinde Grimma.

Helmut Berthold
ist in Grimma aufgewachsen und Pfarrer i. R.

Evangelische
Gemeinde Elim

VON PASTOR RAINER PAULIKS

Die Evangelische Gemeinde Elim ist eine Freikirche. Sie zählt sich zu der weltweiten Pfingstbewegung und ist unter dem Dach des Bundes freikirchlicher Pfingstgemeinden (BFP) organisiert. Unsere Gemeinde in Grimma wurde auf Initiative der Leipziger Elim-Gemeinde gegründet und existiert nun seit gut 15 Jahren. Von Anfang an war es uns ein Anliegen, den Glauben besonders jenen Menschen nahezubringen, die bisher keine Berührung damit hatten. Wir sind davon überzeugt, dass der christliche Glaube erfahrbar, sinnvoll und zutiefst erfüllend ist. In unseren Gottesdiensten und Kleingruppen (Hauskreise, Teenietreffs, Pfadfinder Royal Rangers u. a.) versuchen wir, dieser Hoffnung Ausdruck zu verleihen. Alle, die den Wunsch und wohl auch den Mut haben, diesem Glauben einmal so richtig auf den Grund zu gehen, laden wir ein, am »Alpha-Kurs« teilzunehmen, einem Glaubensgrundkurs, der überkonfessionell und weltweit angeboten wird.

▶ www.elimgrimma.de

Adventgemeinde
Grimma

VON PASTOR JÖRG WIETRICHOWSKI

Wir sind eine christliche Gemeinde, die der Freikirche der Siebenten-Tags-Adventisten angehört. Seit über 90 Jahren gibt es diese evangelische Freikirche in unserer Stadt.

Mit allen Christen teilen wir den Glauben an Jesus, der durch seinen Tod und seine Auferstehung allen Menschen, die an ihn glauben, die Möglichkeit des ewigen Lebens schenkt. Wir als Christen sind aufgerufen, durch Jesus Christus Licht in dieser Welt zu sein.

In diesem Sinne dienen wir den Menschen in unserer Umgebung und geben die Gute Nachricht, das Evangelium von Jesus Christus, weiter. Obwohl es unsere Gemeinde schon lange gibt, sind wir in unseren Traditionen jung und leidenschaftlich. Das kann man jeden Sabbat erleben.

▶ grimma.adventist.eu

Manchmal darf es auch »Orgel und Rotwein« sein

Kirchenmusik in Grimma

VON TOBIAS NICOLAUS

Orgelempore der Wehrkirche Höfgen. Die wertvolle Orgel wurde 1803 von Johann Georg Friedlieb Zöllner erbaut und 2014 grundlegend restauriert

▶ S. 69
Posaunenmusik während eines Konfirmationsgottesdienstes in der Frauenkirche

Kirchenmusik hat in Grimma Tradition. Seit über 450 Jahren singen und musizieren die Bürger der Stadt in den Gotteshäusern. Die Kantorei wurde 1561 erstmals schriftlich erwähnt und ist heute Treffpunkt für über 60 Sängerinnen und Sänger. Diese widmen sich unter der Leitung von Tobias Nicolaus ganz verschiedenen Zeiten und Epochen und überspannen mit ihrem Repertoire fünf Jahrhunderte geistlicher Musik. Neben Kantatenaufführungen zu besonderen Gottesdiensten stehen dabei auch jährlich mindestens drei Oratorienaufführungen auf dem Programm. Die Mitgliedschaft in einer Kirche ist für die aktive Teilnahme am Ensemble weder Bedingung noch entscheidend, was vielmehr zählt, ist Zuverlässigkeit, das kontinuierliche gemeinsame Arbeiten an den Stücken und der stimmliche Einsatz nach besten Kräften.

Es gibt aber auch für Kinder und Jugendliche eine Reihe von Möglichkeiten, sich musikalisch zu betätigen. So verfügt der Kinderchor der Kirchgemeinde – die Kurrende – über mittlerweile 60 aktive Sängerknaben und -mädchen, die in sechs Gruppen organisiert sind. Die Kinder können hier zusammen singen und musikalische Grundfertigkeiten erlernen. Das Angebot richtet sich dabei sowohl an Schul- als auch an Vorschulkinder. Die Jüngsten von ihnen proben einmal pro Woche, jeweils für eine halbe Stunde. Kommen die Kinder dann in die Schule, gibt es verschiedene Gruppen, die regelmäßig gemeinsam oder auch getrennt bei mehreren Gottesdiensten und Konzerten im Jahr singen. Jugendliche ab 14 Jahren singen im Jugendchor der Frauenkirche zusammen, der momentan etwa 20 Aktive hat, die sich monatlich zu Probentagen treffen.

Die Grimmaer Frauenkirche verfügt aber nicht nur über einen ausgezeichneten Jugendchor, sondern hat auch eine eigene Konzertreihe in ihrem Programm. Unter dem Motto »Musik in der Frauenkirche« finden jährlich zahlreiche musikalische Veranstaltungen statt. Natürlich erfahren auch besondere Gottesdienste mit Hilfe der Musik und des Gesanges eine eigene Ausgestaltung, wobei das Gros des musikalischen Programmes von kirchenmusikalisch engagierten Grimmaer Bürgerinnen und Bürgern bestritten wird. Unterstützt werden sie dabei auch immer wieder von der klangschönen Eule-Orgel der Frauenkirche, die auch während der Veranstaltungsreihe »Orgel und Rotwein« in der Kirche zu hören ist.

Dennoch wäre es zu kurz gegriffen, würde man die Tradition und Pflege der Kirchenmusik nur auf die Stadt Grimma beschränken. Auch in den Gotteshäusern der umliegenden Gemeinden finden immer wieder Konzerte statt, wobei hier besonders die Kirchen in Höfgen (Zöllner-Orgel 1803) und Hohnstädt (Kreutzbach-Orgel 1858) zu nennen sind, die beide wertvolle historische Orgeln besitzen. Eine direkte Zusammenarbeit zwischen den Schwesterkirchgemeinden findet sich im Flötenkreis, der sich, von Dorothea Rüdiger geleitet, wöchentlich zu Proben im nahegelegenen Nerchau trifft.

In Grimma selbst runden schließlich ein aus 15 aktiven Mitgliedern bestehender Posaunenchor und ein Motettenchor, der sich als Kammerchor vor allem der a-capella-Literatur widmet, das kirchenmusikalische Bild der Stadt ab. ●

▶ **TOBIAS NICOLAUS**
ist Kirchenmusiker und als Kantor der Evangelisch-Lutherischen Kirchgemeinde Grimma tätig.

Kirche und Stadt

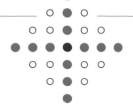

Evangelisch–Lutherische
Landeskirche Sachsens

»Offen für alle«: Diakonie in Grimma
Einer der ältesten Wohlfahrtsverbände macht Nächstenliebe praktisch
—

VON CORNELIA KILLISCH

Seit über 140 Jahren gestaltet die Diakonie an der Seite der Evangelisch-Lutherischen Kirchgemeinden soziale Arbeit in der Region. Die Gründung des Grimmaischen Kreisvereins für Innere Mission – ein Vorläufer der heutigen Diakonie Leipziger Land – reicht in das Jahr 1874 zurück. Damit dürfte die Diakonie zu den ältesten Arbeitgebern und Wohlfahrtsverbänden vor Ort gehören. Christen wollten mit dem Verein »den mancherlei leiblichen und geistigen Notständen in Stadt und Land Abhilfe bringen«, heißt es auf den vergilbten Seiten der ersten Satzung. Am Anfang standen vor allem die »Herbergen zur Heimat«, Trinkerrettungsarbeit, Behindertenhilfe und Fürsorge auf dem Programm.

Rund 140 Jahre später haben sich die Herausforderungen und Nöte geändert. »Geblieben ist die Basis unseres Handelns: der Auftrag der Bibel, für Hilfesuchende da zu sein, und das christliche Menschenbild, das jeden Einzelnen als wertvolles, geliebtes Geschöpf Gottes ansieht«, sagt Harald Bieling, Geschäftsführer der Diakonie Leipziger Land. Dabei sei man offen für alle Hilfesuchenden. Heute sind die Diakonie Leipziger Land und ihre Tochtergesellschaften mit über 700 Angestellten für rund 40 Einrichtungen und Projekte verantwortlich.

▶ www.diakonie-leipziger-land.de

WaldWerkStatt+: Ein Jugendberufshilfeprojekt der Diakonie Leipziger Land
Mit viel Geduld ins Leben begleiten
—

VON CORNELIA KILLISCH

Sie haben keine Lehrstelle, keinen Schulabschluss und keine Arbeit. In einer Werkstatt für behinderte Menschen sind sie unterfordert, für eine reguläre Ausbildung zu gehandicapt. Diese Menschen fängt das Jugendberufshilfeprojekt WaldWerkStatt+ der Diakonie Leipziger Land auf und versucht, sie fürs Leben fit zu machen.

Die Teilnehmer haben Fachtheorie über Flora und Fauna, Gespräche, Exkursionen, Sozialkompetenz- und Persönlichkeitstrainings, Stützunterricht in Mathe und Deutsch und sind jeden Tag draußen im Einsatz, wo sie Zäune bauen, Schonungen anlegen und Flächen aufforsten. Jugendliche im Bereich Hauswirtschaft und soziale Betreuung – für den das Plus im Projektnamen steht – sind in Küche, Wäscherei und Reinigung tätig.

Wenn jemand nicht erscheint, zeigen Projektleiterin Nicole Möller und ihr Team viel Geduld. Sie telefonieren den Jugendlichen hinterher und fahren auch mal persönlich zu ihnen nach Hause: »Wegschicken, kündigen und abweisen – das haben sie einfach schon zu oft erlebt«. Also üben sie, wie man früh aufsteht, wie man sich in der Gruppe benimmt, Antragsformulare ausfüllt und ein paar Unterrichtsstunden durchhält. Höhepunkt eines jeden Kurses ist meist die Prüfung für den Kettensägeschein. »Hier erfahren die Jugendlichen, dass sie etwas erreichen können, wenn sie sich anstrengen«, so nochmals Nicole Möller. »Viele erleben zum ersten Mal das Hochgefühl, eine Prüfung zu bestehen«. Manche sind selbst überrascht, wenn sie entdecken, was in ihnen steckt, und zum Beispiel den Sprung in eine Ausbildung schaffen.

Die WaldWerkStatt+ ist ein Projekt der Jugendberufshilfe nach §13 SGB VIII, das vom Europäischen Sozialfonds, vom Freistaat Sachsen und vom Landkreis Leipzig gefördert wird.

▶ www.diakonie-leipziger-land.de

»Ur-christlich«: UNU MONDO
Flüchtlingen in Nöten beistehen

VON CORNELIA KILLISCH

Aset hat Post bekommen. Es geht um Essensgeld, Rechnungen und Unterschriften. Die Frau aus Tschetschenien kann sich recht ordentlich verständigen, aber bei Behördenbriefen muss sie passen. Die bringt sie immer mittwochs mit zu UNU MONDO (Esperanto für »Eine Welt«). Gut, dass es hier das Projekt Interkulturelle Haltestelle von der Diakonie Leipziger Land und der Evangelisch-Lutherischen Kirchgemeinde Grimma gibt. UNO MONDO steht für ein Erfolgsmodell, das von engagierten Ehrenamtlichen, von der Begleitung der KirchenBezirksSozialarbeit der Diakonie und von den Migranten selbst mit Leben erfüllt wird. Bei UNU MONDO findet Aset Hilfe. Tereza aus Armenien übersetzt die Briefe. Die deutschen Helfer, die sich mit Amtsstubenjargon und Widerrufsrecht auskennen, sind ebenfalls da, um Schreiben von Drückerkolonnen und Behörden zu bewältigen.

Bei UNU MONDO wird aber viel mehr geleistet als Schreib- und Übersetzungsarbeit. Hier kommen Migranten aus der Isolation heraus und finden Menschen, die für sie da sind. Bei UNU MONDO gibt es außerdem Picknicks, Ausflüge, Spaß und Spiel. Höhe- und Lichtpunkte sind das für viele Migranten, die oft kaum herauskommen, die gefangen sind in Traumata aus ihren Herkunftsländern und Problemen in der neuen Heimat.

Die Mitarbeiter von UNU MONDO sitzen in Gremien und organisieren jährlich die interkulturelle Woche. Sie verhindern Abschiebungen, organisieren Umzüge und Ausbildungsplätze. Helga Schneider und Elisabeth Börger, zwei engagierte Frauen aus der Kirchgemeinde, haben schon lange vor dem offiziellen Start von UNU MONDO in Grimma Flüchtlinge mit viel Zeit, Liebe und ganz ehrenamtlich betreut. 2008 stieß dann die Dia-konie mit dem KirchenBezirksSozialarbeiter Tobias Jahn dazu. Beide Partner haben das Projekt sozusagen vom Küchentisch in das Mehrgenerationenhaus »Alte Feuerwehr« in der Hohnstädter Straße verlagert. »Im Angesicht der weltweiten Krisen durch Terror, Krieg und Armut sind Millionen Menschen auf der Flucht«, sagt Tobias Jahn. Ihnen in ihren größten existenziellen Nöten beizustehen, ist »biblisch und urchristlich«.

Der Nikolaialtar

—

VON MARITA PESENECKER

Der Friedhof und die Friedhofskirche in Grimma

—

VON SILKE BRÜCK

Bis zum Jahre 1541 besaß die Stadt Grimma innerhalb ihrer Stadtmauer den Frauenkirchhof für die Verstorbenen der Oberstadt und den Nikolaikirchhof für die Verstorbenen der Unterstadt. Da zu jener Zeit die Pest wütete und man die Toten nicht mehr in der Stadt bestatten mochte, stiftete Valentine Bockwitz der Stadt Grimma ein vor dem Pappischen Tore gelegenes Stück Feld, welches zum Gottesacker eingerichtet wurde. 1627 schenkte Ernst von Ponickau ein angrenzendes Feld zur nötigen Erweiterung des Friedhofes. So entstand der jetzige alte, sogenannte »Erste Friedhof«. Dieser erweiterte sich 1880 um den »Zweiten Friedhof« mit seinen Lindenalleen. Um 1910 wurde der »Dritte Friedhof« mit Zypressen und Birken angelegt, und in den 1960er Jahren fand die letzte Erweiterung statt: der »Vierte Friedhof«.

Im vorderen Bereich des »Ersten Friedhofes« steht die Friedhofskirche »Zum Heiligen Kreuz«. Am 7. Juli 1556 begonnen und 1559 fertiggestellt, wurde die zu Begräbnisfeierlichkeiten bestimmte Kirche geweiht. Sie wurde mehrfach umgebaut und 1607 um einen Turm erweitert, der mit einer kleinen Glocke ausgestattet wurde. 1813 nutzte man sie als Militär-Lazarett. Später wurde sie wieder als Begräbniskirche hergerichtet. Um 1836 trug man den beschädigten Turm ab und ersetzte das gotische Kirchendach durch ein flaches deutsches Dach. Mit dem Abriss der Nikolaikirche 1888 wurde der Flügelaltar, welcher der Cranach-Schule entstammt, in die Friedhofskirche umgesetzt. Der bekannte Kunsthistoriker Cornelius Gurlitt nennt ihn in seiner »Beschreibenden Darstellung der älteren Bau- und Kunstdenkmäler« einen der größten Altäre Sachsens. Die jetzige Innenausstattung stammt aus der Zeit der Generalinstandsetzung um 1910. Ebenso wurde für die drei ehemaligen Nikolaikirchen-Glocken (13. Jahrhundert, 1350, 1677) die nun zu den christlichen Trauerfeiern läuten, ein Glockenhaus in der Nähe der Friedhofskirche errichtet.

Der Nikolaialtar in Grimma gehört zu den zahlreichen Altären, die in der Zeit zwischen 1500 und 1530 entstanden. Er ist ein sogenannter Wandelaltar, da er mit mehreren beweglichen Flügeln versehen ist. Die erste Wandlung zeigt in acht Bildern die Legende des Kirchenpatrons, wobei die Malereien unzweifelhaft von jenem Cranachschüler stammen, der um 1515/1516 den Auftrag für den Hochaltar der Nikolaikirche zu Döbeln ausführte. In der zweiten Wandlung ist mit acht Passionsbildern, an welchen mindestens drei Maler beteiligt waren, die Leidensgeschichte des Herrn dargestellt.

Im geöffneten Altar steht der heilige Nikolaus von Myra als Patron der Kirche in der Mitte. Ihm zur Seite ordnen sich Erasmus und ein Bischof mit Buch, welcher als Donatus gedeutet werden kann. In den Flügelschreinen stehen links Barbara und Margareta sowie rechts Christophorus und ein Heiliger, dessen Attribut verloren gegangen ist. Es dürfte sich um Leonhard mit der Kette handeln. In der Predella befindet sich ein Relief mit der Geburt Christi und eine gemalte Verkündigung an die Hirten im Hintergrund.

Der Grimmaer Nikolaialtar ist ein typischer Bürgeraltar, der mit offenkundiger Absicht moralisierend einwirken will und Gelegenheit zur Fürbitte durch Aufnahme beliebter Nothelfer bietet. Laut dem Stadtchronisten Lorenz soll der Altar 1519 für den Preis von 220 Gulden aufgestellt worden sein, wobei es sich bei der Bezahlung nur um einen Teilbetrag handeln kann, da die Preise um diese Zeit für Altäre sehr viel höher lagen. Nach dem Abbruch der Nikolaikirche im Jahre 1888 gelangte der Altar in die 1910 stark veränderte Friedhofskirche. Die drei Figuren, die sich früher auf dem Altar befanden, hatten in dem niedrigen Raum offensichtlich nicht ausreichend Platz. Sie befinden sich heute in der Frauenkirche.

Das Lutherdenkmal an der Frauenkirche

VON MARITA PESENECKER

Zum 400. Geburtstagsjubiläum Luthers 1883 wurde durch den Stadtrat die Errichtung eines Lutherdenkmals an der Frauenkirche beschlossen. Ausgewählt wurde dafür eine Büste des Dresdner Bildhauers Ernst Rietschel. Um die Kosten des Denkmals aufzubringen, veröffentlichte der Stadtrat am 28. Juli in den »Nachrichten für Grimma« einen Spendenaufruf. Der Vertrag, welcher schon am 31. August abgeschlossen werden konnte, beweist hinlänglich, dass Spenden reichlich eingegangen sein müssen.

Die Feierlichkeiten zur Einweihung des Denkmals begannen am 10. November in der Landes-, Bürger- und Seminarschule. In der neu errichteten Bürgerschule pflanzten die Jungen eine Eiche und die Mädchen eine Linde auf dem Hof. Einen Tag später, am 11. November, setzte sich ein Festzug, bestehend aus Behörden, Geistlichkeit, Schulen, Vereinen, Feuerwehr, Schützengesellschaft und Bürgerschaft, in Bewegung zur Frauenkirche. Mit vielen Festreden und Gesängen wurde die Lutherbüste schließlich würdig enthüllt. Ein schmiedeeisernes Gitter erhielt das Denkmal 1910 auf Initiative des Verschönerungsvereins der Stadt. Den Auftrag für die Anfertigung des Gitters bekam die Kunst- und Bauschlosserei von Ferdinand Walther.

Dass dieses Denkmal auch heute noch vor der Frauenkirche steht, verdankt die Stadt einem sehr lange andauernden behördlichen Schriftverkehr während des Ersten Weltkrieges. Alles Buntmetall im Lande sollte für die Belange des Krieges eingesammelt werden. So teilte die Königliche Amtsmannschaft am 27. April 1917 dem Stadtrat in einem geheimen Schreiben mit, dass auf Ersuchen des Kriegsamtes alle aufgestellten Bildwerke aus Bronze oder Kupfer anzuzeigen seien. Der Stadtrat meldete daraufhin am 12. Mai 1917 ordnungsgemäß die Lutherbüste an die Königliche Amtshauptmannschaft.

Mit der Metall- und Mobilmachungsstelle des Kriegsministeriums entspann sich ein langer Streit um den Preis. Erst am 10. August 1918 ging beim Stadtrat ein Schreiben der Kriegsmetall-Aktiengesellschaft ein, in welchem der Kauf der Lutherbüste bestätigt und eine sofortige Lieferung per Bahn nach Leipzig-Stötteritz gefordert wurde. Die Lieferung selbst scheint sich auf dem Behördenweg etwas verzögert haben, denn am 27. November 1918 erging an den Rat ein zweites Schreiben, in welchem die Kriegsmetall-AG mitteilte, dass aufgrund der veränderten politischen Lage eine Ablieferung der Bronzebüste nicht mehr erforderlich sei. Diesem glücklichen Umstand verdankt die Stadt Grimma den Erhalt des Lutherdenkmals vor der Frauenkirche.

Kirchen im Umland von Grimma

Die Gotteshäuser der alten Muldenorte

VON MARKUS WENDLAND

Entlang des Lutherweges und der Mulde laden unsere Kirchen zur Einkehr und zur Ruhe ein. Jede dieser Kirchen ist mit ihren kleinen und großen Besonderheiten eine Entdeckungsreise wert.

Wenn wir Sie neugierig machen können, dann wagen Sie doch einen persönlichen Blick in unsere Gotteshäuser. Ein Faltblatt am Eingang führt Sie durch ihre jeweilige Geschichte und Eigenarten, aber gern führen wir Sie auch individuell:

Wehrkirche Höfgen

Zur Kirchgemeinde Döben-Höfgen gehört die Wehrkirche in Höfgen. Auf einem Berg steht sie inmitten des kleinen Örtchens Höfgen gegenüber dem Kloster Nimbschen. Durch eine romanische, mit Eisen beschlagene Holztür gelangt man in den Kirchenraum. Neben einem der wenigen evangelischen Beichtstühle und einer erst kürzlich restaurierten Zöllnerorgel erzählt der urige Innenraum seine eigene Geschichte. In Höfgen wurde die evangelisch-lutherische Lehre im Jahr 1525 eingeführt. An den Emporen finden sich alte Illustrationen zu biblischen Geschichten im bäuerlichen Barock. Jeden Sommer geben sich in der Kirche viele Brautpaare das Ja-Wort und bekommen den Segen Gottes für ihren gemeinsamen Weg zugesprochen.

▶ www.kirche-hoefgen.de

Kirche zu Döben

Geht man den Lutherweg weiter in Richtung Mulde, sieht man hoch oben auf dem Berg die Döbener Kirche – eine alte Schlosskirche, im Stil einer Chorturmkirche aus dem 12./13. Jahrhundert. Dem Besucher fallen sicherlich zuerst die beeindruckende Deckengestaltung und ein romanischer, aus einem Findling gehauener Taufstein auf. Der geschnitzte Hochaltar dominiert mit einer Breite von zwei Metern und einer Höhe von fünf Metern den weitläufigen Chorraum. Er zählt zu den großen Leistungen der späten Renaissance in Sachsen und wird dem Freiberger Meister Franz Dittrich d. Ä. zugeschrieben. Wenn Sie genau hinsehen, entdecken Sie sogar Martin Luther und Philipp Melanchthon in einem der Kirchenfenster.

▶ www.kirche-doeben.de

Hohnstädter Kirche

Schon von Weitem zu sehen, strahlt die Turmspitze der Hohnstädter Kirche über Land und Autobahn. Der Turm wurde erst 2009/2010 wieder aufgesetzt. Vom Kirchturm aus kann man das gesamte Muldental überblicken, bis hin nach Leipzig. Wenn Sie einen Blick in die Kirche werfen, entdecken Sie entlang der Emporenbrüstung 20 gerahmte Holzgemälde von Samuel und Johann Bottschild. Die Gemälde aus dem 17. Jahrhundert stellen den Leidensweg Jesu dar. Diese sind jedoch bei Weitem nicht die einzigen Kunstwerke, die Sie in dieser Kirche bestaunen können.

Beiersdorfer Kirche

Die Beiersdorfer Kirche bildet mit der Hohnstädter eine Kirchengemeinde. Mit ihren 127 Jahren ist die neue Beiersdorfer Kirche eine der jüngsten im Muldental. Nach Umbauarbeiten in den 1970er Jahren verlor sie leider ihren Turm und den Altar. Jedoch lassen sich in und um die Kirche herum Teile des alten Altars wiederentdecken, die nun in anderer Weise die Kirche schmücken. Zurzeit ist die Gemeinde dabei, diesen Altar wieder zu rekonstruieren und aufzubauen. Eine Pieta aus dem 16. Jahrhundert, zwei Taufschalen und vier aus dem alten Gewölbe stammende Sockelteile in der Sakristei erinnern bis heute an die erste Beiersdorfer Kirche, die am 21. März 1866 wegen Baufälligkeit abgerissen worden ist.

Sankt Martinskirche Nerchau

Zieht man von Höfgen aus an Döben vorbei ein Stück den Muldenstrom abwärts, so führt der Muldentalbahn-Radweg direkt an der Sankt Martinskirche Nerchau vorbei. Eine noch junge Lutherlinde begrüßt die Besucher am Friedhofseingang. Schaut man ins Innere der schlicht gehaltenen Kirche, fällt besonders der große Chorraum auf. Von ihm aus blicken ein alter Taufengel und ein Christkönig ins Kirchenschiff. Gehen Sie an den beiden Figuren aus dem 13. und 17. Jahrhundert vorbei zum Altar und lassen Sie den Blick zur Kirchendecke schweifen. Im beeindruckenden Deckengewölbe werden Sie ein ganzes Sternenmeer finden. Ein Sakramentenhäuschen im Chorraum zeugt von der vorreformatorischen Zeit. Heute werden dort Gebetsanliegen aufbewahrt. Seit Juli 2015 finden in unserer Kirche Radfahrer einen Ort der Stille und der Einkehr. Als Radwegekirche ist sie von Mai bis Oktober tagsüber offen für alle.

▶ www.kirche-nerchau.de

Kirche Grethen

VON TORSTEN MERKEL

Die Anfänge der Kirche lassen sich bis ins 13. Jahrhundert zurückverfolgen. Zahlreiche romanische Elemente wie der Altartisch, der Taufstein, das Tonnen- und Kreuzgewölbe deuten im Inneren darauf hin, während weitere Relikte dieser Zeit außen im Gipfelkreuz, den Giebelansätzen und bei den Fenstern zu sehen sind. Die Kirche wurde 1776 innen erneuert. Die damals vorgenommenen barocken Veränderungen sind heute an Orgel, Empore und Deckenfeldern zu entdecken. Im Zeitraum von 1996 bis 2002 wurde eine Komplettsanierung der Kirche notwendig. Monatlich einmal rufen die drei Glocken – die älteste stammt aus dem 15. Jahrhundert – zur Feier des Gottesdienstes. Die Glocken können bei Kirchenführungen betrachtet werden. Bei den meisten Veranstaltungen wie der Nacht der offenen Dorfkirchen, Konzerten oder dem Krippenspiel am Heiligen Abend unter Mitwirkung der Einwohner des Ortes bleibt kaum ein Platz in den Kirchenbänken frei.

Touristisches und Regionales

Grimma ist mehr als Grimma

Die Mulde erfahren

—

VON RUDOLF PRIEMER

In den späten 1970er Jahren kam durch den sehr verdienstvollen Bürgermeister Höhle die Muldenschifffahrt zwischen der Gattersburg und der Schiffsmühle wieder in Gang. Dadurch konnte ein Besuch der nordwestsächsischen Vulkanitlandschaft um den Flussdurchbruch zwischen Rabenstein- und Gattersburgfelsen erlebnisreicher werden. Die Gattersburg war es auch, die einem der beiden zwischen Grimma und Höfgen pendelnden Schiffen ihren Namen gab, während das andere nach Katharina von Bora benannt ist.

Zwischen Höfgen, dem heutigen »Dorf der Sinne«, und der Ruine des Klosters Nimbschen existiert eine Fährverbindung: 1513 erstmals urkundlich erwähnt, kann sie inzwischen auf eine über 500-jährige Geschichte blicken. Hergestellt wird die Verbindung zwischen den beiden Muldenufern durch eine Seilfähre. Sie blieb nicht zuletzt auch deshalb erhalten, weil sie immer eine örtliche Bedeutung hatte und durch den langsam in Gang gekommenen individuellen Tourismus weiter an Bedeutung gewinnt. Das Übersetzen über die Mulde hat nach Meinung vieler Besucher durchaus etwas Romantisches. Mehr als zwei Jahrzehnte lang betrieb die couragierte, fast legendäre Brigitte Müller die Fähre. Die Existenz des Fährhauses ist um 1638 erstmals belegt und war für die Fährfrau der Anlass, 1988 das erste gesamtdeutsche Fährmannstreffen zu organisieren! Das nur inoffiziell angekündigte Volksfest zog rund 5.000 Gäste nach Höfgen und überraschenderweise keine politischen Konsequenzen nach sich.

Das Jagdhaus Kössern
Feiern und Veranstaltungen im barocken Ambiente

—

VON THORSTEN BOLTE

1709 wurde das barocke Jagdschloss Kössern erbaut. Seine weit über das Muldental hinausgehende Bekanntheit verdankt das Gebäude seiner vielfältigen Gestaltung, so etwa der farbigen Außenfassade oder dem mit Säulen geschmückten Aufgang zum festlichen Saal im Obergeschoss, dessen riesiges Deckengemälde auch heute noch beeindruckt. Bauherr war Wolf Dietrich von Erdmannsdorff (1648–1723), Minister und Oberhofjägermeister unter August dem Starken. Erdmannsdorff konnte hier dem Dresdner Hof hervorragende Bedingungen für die hochherrschaftlichen Jagden bieten, zugleich aber auch von seinen Ämtern Ruhe finden. Als Baumeister kommt eigentlich nur der berühmte Erbauer des Dresdner Zwingers, Matthäus Daniel Pöppelmann (1662–1736), infrage.

Heute wird das in den letzten Jahren komplett sanierte Jagdschloss Kössern vom Jagdhausverein (Das Jagdhaus. Dorfentwicklungs- und Kulturverein Kössern / Förstgen e. V.) betrieben, der ein reichhaltiges Kulturprogramm anbietet, das von vielen Besuchern und Gästen in jedem Jahr gern angenommen wird.

▶ www.jagdhaus-koessern.de

Die Klosterruine und der Park Nimbschen

Ein authentischer Ort der Reformationsgeschichte

—

VON RUDOLF PRIEMER

Auf den ausdrücklichen Wunsch des Landesherrn hin siedelten die Zisterzienserinnen um 1250 aus Torgau nach Grimma um. Das bereits erschlossene Gebiet südlich Grimmas war – wassernah und stadtfern genug – für ihr Kloster ausgewählt worden. Das kurz vorher gegründete Elisabethhospital am Grimmaer Baderplan diente als Interim und wurde bis nach 1536 nicht aufgegeben.

Das kleine Kloster »Marienthron« in Nimbschen wurde nach der Teilweihe der Klosterkirche 1291 bezogen. Die berühmte Flucht der neun Nonnen – darunter die spätere »Lutherin« Katharina von Bora – in der Osternacht 1523 machte das Kloster über die Grenzen hinaus bekannt. Es wurde 1550 mit seinem Wirtschaftshof, einem Teil des Feldbesitzes und den ehemaligen Klosterdörfern der neugegründeten Landesschule zugeschlagen und zu einem Schulamt umgewandelt. Nur der Ostflügel der Klausur blieb erhalten, weil er als Scheune genutzt wurde. In dessen Erdgeschoss waren wie in jedem Kloster des Ordens Kapitelsaal, Aufenthalts- und Sprechraum sowie Sakristei eingerichtet. Darüber lagen beiderseits eines Mittelflures die Zellen der Nonnen, die jetzt vermauerten kleinen

Fenster waren die der Schlafzellen. Eine große Tür im Giebel, deren Rest noch zu sehen ist, führte einst auf die Nonnen-Empore der Kirche.

Vor ungefähr 150 Jahren begann man den authentischen Ort zu erschließen. Die Forstverwaltung wurde überzeugt, dass der Baumbestand auf dem Klostergelände wieder zurückgedrängt werden musste. Innerhalb der erhaltenen Klostermauer wurde ein Rundweg angelegt, und Grimmaer Kinder pflanzten 1817 eine »Luther-Eiche«. Um den bald auffälligen Baum wurde ein Rondell angelegt und Nadelbäume wurden gepflanzt. Schon kamen Ausflügler aus dem nahen Leipzig, die Natur und Landschaft genießen wollten.

Dem verdienstvollen Grimmaer Denkmalpfleger Günter Unteidig ist es zu verdanken, dass im Jahre 1989 das Mauerwerk um den unvollendeten Kreuzgang festgestellt werden konnte. Der große bauliche Fortschritt an der Ruine geschah dann 1997, als Mauerkrone und Mauerwerk solide saniert wurden. Aber auch nach den zwei Grabungskampagnen der Jahre 2011 und 2012 konnten keine eindeutigen Aussagen zur Größe und Gestalt der Klosterkirche getroffen werden.

Der Zugang zu dem recht modern gestalteten Parkteil erfolgt von der nach außen nicht abgeschirmten Zufahrtsstraße her. Bei der Gestaltung waren sehr viele Rücksichten zu nehmen, denn das Gelände war für verschiedenste Veranstaltungen vorgesehen. Die zwei Flügel des nie vollendeten Kreuzganges erkennt der Betrachter in den rasengleichen Ziegelpflasterungen. Die noch sichtbaren Teile der einst alles umfassenden hohen Klostermauer wurden leider nicht rekonstruiert und die eigentlich noch vorhandenen Steine nicht wieder aufgemauert. Informationstafeln helfen dem Besucher, das Gesehene zu vertiefen und einzuordnen.

Das nah gelegene, anspruchsvolle Hotel mit Konferenzzentrum, Gästehäusern und eigener Haus-Kapelle ging nach 1992 aus dem »Volkseigenen Gut Kloster Nimbschen« hervor. Die umliegende Auenlandschaft kann als Ergebnis der klösterlichen, landeskulturellen Arbeit angesehen werden. Ein maßvoller Tourismus verbindet sich mit der gut erschlossenen und vielfältig nutzbaren Kulturlandschaft im Muldentale.

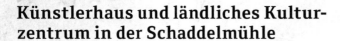

Künstlerhaus und ländliches Kultur-zentrum in der Schaddelmühle

—

VON FRANK BRINKMANN

Die alte Wassermühle im Dorf Schaddel (Stadt Grimma) ist gut über den Mulderadweg bzw. Lutherweg von Grimma aus zu erreichen. Auch mit dem Bus bis Ausstieg Schaddel oder dem Zug über Bahnhof Großbothen ist ein Kommen leicht möglich. Im Gelände des Kulturfördervereines Schaddelmühle e. V. finden die Besucher die Gebäude der alten Schaddelmühle von 1525 als Ausstellungsräume, Ateliers und Gästezimmer vor. Ständig wechselnde Ausstellungen geben Anregungen in den Bereichen Malerei, Plastik und Keramik. In der Freiluftgalerie im weitläufigen Gelände sind verschiedene kleine Präsentationen zu sehen. Im sanierten Trafohaus, im Heimatschutzstil um 1910 errichtet, sind Informationen zur Keramikproduktion unserer Region zu finden. Historische Produkte, aber auch ein in Teilen geborgenes Relief aus der Großwäscherei Geithain sind installiert. Dieses Relief entstand in den Jahren 1975/1977 in der Schaddelmühle, als hier eine Künstlerkommune lebte. Kurse für interessierte Laien und Jugendliche finden regelmäßig Zuspruch. Mit Schülern der Umgebung werden Lernfördercamps abgehalten, in denen vorrangig Gestaltung und Kreativität geschult werden. Für Kunstleistungskurse ist die Schaddelmühle für Gymnasien aus Leipzig und anderen Städten eine gern genutzte Adresse geworden.

Neben vielen Arbeitstreffen von Künstlern und Künstlerinnen aus verschiedenen Kunstgebieten findet jährlich ein Workshop zur Keramik statt, der Künstler aus Deutschland und dem Ausland zusammenführt.

▶ www.schaddelmuehle.de

Der Wilhelm Ostwald Park

—

VON IRA EBERT

Wilhelm Ostwald (1853–1932), der gebürtige Rigenser, studierte an der Universität Dorpat (Tartu, Estland) Chemie und wurde 1882 zum Professor an das Baltische Polytechnikum Riga berufen. Fünf Jahre später folgte er dem Ruf an die Universität Leipzig, auf den weltweit ersten Lehrstuhl für Physikalische Chemie. Für seine Arbeit auf dem Gebiet der Katalyse erhielt er 1909 den Nobelpreis für Chemie.

Bereits 1906 hat Ostwald die Universität Leipzig verlassen und seine Wohn- und Wirkungsstätte nach Großbothen verlegt. Sein Landsitz »Energie« – jetzt Wilhelm Ostwald Park – vereint heute Tagungszentrum und Museum, welches sich in seinem Wohnhaus »Haus Energie« befindet. Neben der original erhaltenen wissenschaftlichen Bibliothek mit 22.000 Bänden sind vielfältige Zeugnisse seines Schaffens zu sehen: selbstgebaute wissenschaftliche Geräte und Arbeitsinstrumente, seine 45 Lehrbücher, Dokumente zur Gründung internationaler Organisationen, eine große Anzahl von Exponaten zu seiner Farben- und Harmonielehre, zahlreiche Bilder und Farblehrestudienblätter. Er selbst bezeichnete die messende Farbenlehre als sein liebstes Wissenschaftskind.

Besondere Bedeutung kommt der Liegenschaft Wilhelm Ostwald Park zu, da sie von Ostwald im Verlauf von ca. 20 Jahren erworben und gestaltet wurde. Das Anwesen legt Zeugnis ab von Ostwalds Lebensweise und Naturverbundenheit. Es ist der einzige original erhaltene Wissenschaftlersitz Deutschlands aus der Zeit vor 100 Jahren.

▶ www.wilhelm-ostwald-park.de

Von nützlichen Büchern und schöner Natur
Das Göschenhaus und der Göschengarten
—

Die Stadtinformation im Kulturbetrieb Grimma

VON THORSTEN BOLTE

»Haben Sie noch einmal herzlich Dank, lieber Freund, für Ihre gütige Aufnahme in Hohenstädt. Jener Tag gehört zu den fröhlichsten, die ich durchlebte«. Diese Worte schrieb Friedrich Schiller an den Verleger Georg Joachim Göschen (1752–1828), nachdem der Weimarer Dichter im September 1801 das heutige Göschenhaus besucht hatte. Das kleine Landhaus Göschens, umgeben vom einzig erhaltenen klassizistischen Privatgarten Sachsens, lädt heute als Göschenhaus Grimma-Hohnstädt seine Besucher ein, die Zeit um 1800 mit allen Sinnen zu erleben. Seit nunmehr gut 200 Jahren ist das Haus über der Mulde ein fester Begriff der deutschen Literatur- und Kulturgeschichte.

Göschen gehörte seit Ende des 18. Jahrhunderts zu den großen Persönlichkeiten unter den europäischen Verlegern und Druckern. Schiller und Goethe waren genauso Teil des Verlagsprogramms Göschens wie das in seiner Zeit erfolgreichste Buch überhaupt, das »Noth- und Hülfsbüchlein für Bauersleute« von Rudolph Zacharias Becker. Göschen verlegte auch eine Bibelausgabe in griechischer Sprache, wozu er mit einem Schriftschneider aus Jena eigene griechische Typen entwickelte, ein für damalige Verhältnisse extrem komplizierter Vorgang. Göschens wohl wegweisendstes Projekt waren sicherlich Christoph Martin Wielands »Sämmtliche Werke«, eine Ausgabe, die Geschichte schreiben sollte: Göschen hatte, um diese Ausgabe in modernen lateinischen Lettern drucken zu lassen,

eine eigene Druckerei gegründet, die er 1797 von Leipzig nach Grimma in das heutige Seume-Haus am Markt 11 verlegt hatte.

Vier Jahre, von 1797 bis 1801, war Johann Gottfried Seume (1763–1810) Korrektor in Diensten von Göschen. Seume arbeitete und wohnte am Markt im Druckereigebäude, auch wenn er sich lieber bei der Familie Göschen in Hohnstädt aufhielt. Seume litt nämlich in der Druckerei so manche Stunde und war vom »Silbenzählen« oftmals ganz müde im Kopf.

Das Museum Göschenhaus bietet heute Jung und Alt einen abwechslungsreichen Gang durch die Geschichte. Nicht allein Literatur und Bücher werden im einzigen Verlegermuseum Deutschlands thematisiert. Es gibt auch originale Ausstellungstücke zu Georg Joachim Göschen und Johann Gottfried Seume sowie vieles zur Wohn- und Lebenswelt der Menschen von 1800 bis 1900.

Der atemberaubende Göschengarten mit seinen 4300 Quadratmetern ist zudem immer einen Besuch wert. Wiederum sei Johann Gottfried Seume zitiert: »Wenn Sie zu uns kämen, Sie würden ein wahres kleines Elysium finden, das uns die Natur an der Mulde gegeben hat. Man wallfahrtet aus Leipzig zu uns, wenn man sich wenigstens eine Idee von der Schönheit der Natur schaffen will ... Göschen thut in seiner Siedeley zu Hohenstädt redlich das Seinige der Natur die Hand zu biethen und von ihr zu genießen.«

▶ www.goeschenhaus.de

Neue Zeiten fordern neue Wege: Mit dem Zusammenschluss der städtischen Kultur- und Tourismusanbieter zu einem Kulturbetrieb hat Grimma ein starkes Team für die Region geschaffen. Dadurch ist es möglich geworden, zertifizierte Touristeninformation und kulturelle Angebote miteinander zu verknüpfen. Ein vielfältiges Angebot ist so für unsere Gäste aus nah und fern entstanden. Erleben Sie eine Stadt mit großer Vergangenheit und lebendigen Visionen für die Zukunft. Besuchen Sie Grimma und finden Sie im Kulturbetrieb Grimma einen professionellen Begleiter. Wir freuen uns auf Sie!

In der Stadtinformation Markt 23 erhalten Sie Informationen und Auskünfte zum touristischen und Freizeit-Angebot in Grimma und Umgebung, Pauschalangebote und Zimmervermittlung, Buchung von Gästeführungen und geführten Wanderungen (Stadt-, Tiefkeller-, Rathaus- sowie verschiedene andere thematische Führungen), Angebotserstellung und Unterstützung für Reiseunternehmen sowie für Gruppen- und Firmenausflüge und Kartenvorverkauf für verschiedenste Veranstaltungen. Darüber hinaus befinden sich Souvenirs, Ansichtskarten und Grimma-Literatur im Verkauf.

▶ www.grimma.de

Impressum

**GRIMMA
ORTE DER REFORMATION**
Journal 24

Im Auftrag der Stadt Grimma herausgegeben von Oberbürgermeister Matthias Berger.

Redaktionskollegium:
Thorsten Bolte, Axel Frey, Torsten Merkel, Rudolf Priemer

Die Deutsche Bibliothek verzeichnet diese Publikation in der Deutschen Nationalbibliographie; detaillierte bibliographische Daten sind im Internet über http://dnb.ddb.de abrufbar.

© 2015 by Evangelische Verlagsanstalt GmbH · Leipzig
Printed in Germany · H 7926

IDEE ZUR JOURNALSERIE
Thomas Maess, Publizist, und Johannes Schilling, Reformationshistoriker

GRUNDKONZEPTION DER JOURNALE
Burkhard Weitz, chrismon-Redakteur

COVERENTWURF
NORDSONNE IDENTITY, Berlin

COVERBILD
Gerhard Weber

LAYOUT
NORDSONNE IDENTITY, Berlin

BILDREDAKTION
Axel Frey und Gerhard Weber

ISBN 978-3-374-04121-3
www.eva-leipzig.de

AXEL FREY
Verantwortlicher Redakteur

www.luther2017.de

Bildnachweis

asife – Fotolia.com: S. 70 o.
bpk, Staatliche Kunstsammlungen Dresden, Hans-Peter Klut: S. 51 r.
Diakonie Deutschland: S. 71
Diakonie Leipziger Land: S. 70 u.
Evangelische Gemeinde Elim: S. 67 l.
Göschen-Archiv Göschenhaus Grimma: S. 28 o.l., 44 o., 54 l., 58 u.l.
Wolfgang John: 26/27
Ellen Keil: S. 81
Maria Kern: S. 54 r., 55
Kreismuseum Grimma: S. 35–37, 44 u., 47 r., 53, 58 u.r., 59 o., 59 u.r., 66 l.
Nordsonne: S. 14
Archiv Gerhard Passolt: S. 39
Sammlung Photo Pippig: S. 47 l.
Sächsische Landesbibliothek – Staats– und Universitätsbibliothek Dresden (SLUB), Deutsche Fotothek, Klaus-Dieter Schumacher: S. 50/51

Peter Schiede: S. 68/69, 72 l., 75 u.
Andreas Schmidt: S. 17 u., 63, 80
Staatliche Schlösser, Burgen und Gärten Sachsen: S. 40/41, S. 51 l.
Stadtgeschichtliches Museum Leipzig: S. 57 o.r.
Stadtverwaltung Grimma: S. 1
Stiftung Luthergedenkstätten in Sachsen-Anhalt: S. 42, 43, 52 o.
Archiv Thomanerchor: S. 38
Thüringisches Hauptstaatsarchiv Weimar: S. 52 u.
Universitätsbibliothek Leipzig: S. 56, 57 o.l., 57, m.
Gerhard Weber: Titelblatt, S. 4/5, 6/7, 8/9, 10–12/13, 15, 16, 17 o.l., 17 o.r., 18–22, 24, 25, 26 o.l., 27 o.r., 29–34, 45, 46, 48, 49, 58 o., 59 u.l., 60/61, 62, 64, 65, 66 r., 67 r., 69, 72 r., 73, 74, 75 o., 76–79